Freitauchen

CHRISTIAN REDL

Einbandgestaltung: Katrin Kleinschrot, Marion Köster
Titelbild: Manfred Dorner; Rückseite: Manfred Dorner, Bernd Humberg, Christina Schramel

Bildnachweis: Siehe Anhang

Eine Haftung des Autors oder des Verlages und se ner Beauftragten für Personen-, Sach- und
Vermögensschäden ist ausgeschlossen.

ISBN 978-3-613-50798-6

Copyright © by Verlag pietsch, Postfach 103743, 70032 Stuttgart
Ein Unternehmen der Paul Pietsch-Verlage GmbH & Co. KG

1. Auflage 2015

Sie finden uns im Internet unter:
www.pietsch-verlag.de

Nachdruck, auch einzelner Teile, ist verboten. Das Urheberrecht und sämtliche weiteren Rechte
sind dem Verlag vorbehalten. Übersetzung, Speicherung, Vervielfältigung und Verbreitung
einschließlich Übernahme auf elektronische Datenträger wie DVD, CD-ROM usw. sowie
Einspeicherung in elektronische Medien wie Internet usw. ist ohne vorherige schriftliche
Genehmigung des Verlags unzulässig und strafbar.

Lektorat: Joachim Köster, Steffi Gaede
Innengestaltung: Sabine Ufer, Leipzig
Druck und Bindung: KoKo Produktionsservice s. r. o., 70900 Ostrava
Printed in Czech Republic

Inhaltsverzeichnis

Vorwort 4

Einleitung 6

1. Die Geschichte des Freitauchens 10

2. Disziplinen des Freitauchens 18

3. Die Ausrüstung 22

4. Sicherheitsaspekte 28

5. Atemtechniken 36

6. Entspannungstechniken 42

7. Zeittauchen 48

8. Streckentauchen 62

9. Tieftauchen 72

10. Training 80

11. Mentale Aspekte beim Freitauchen 94

12. Physiologische Aspekte 100

Anhang 111

Vorwort

Ein Kindskopf ist jemand, der auch im Erwachsenenalter nicht von seinen infantilen Ideen lassen kann oder will. Christian ist so ein Kindskopf, gar keine Frage. Denn während wir alle irgendwann zwischen dem fünften und zehnten Lebensjahr damit aufgehört haben, beim Baden in der Wanne mit zugehaltener Nase auszuprobieren, wie lange man untergetaucht bleiben kann, macht Christian das heute noch. Mit Mitte Dreißig! Als Beruf! Wie kindisch!

Im Laufe der Jahre ist es mit ihm nicht besser, sondern immer schlimmer geworden. Von der heimischen Badewanne hat er sich erst in die Seen Österreichs und dann in alle Gewässer der Erde gewagt, die es nicht geschafft haben, schnell genug auszutrocknen. Durch Höhlen und Meere ist er inzwischen getaucht und schließlich sogar im klirrend kalten Wasser zugefrorener Seen – je verrückter die Idee, desto besser gefällt sie ihm. So ist er halt, der Christian. Was soll man machen?

Da es ja offenbar keinen Sinn hat, ihn zur Vernunft bringen zu wollen, bleibt nur, gemeinsam mit ihm Spaß zu haben. Ich hatte den zum Beispiel auf Elba, wo Christian und ich uns vor Jahren kennen lernten, als wir im

Eishockey unter Eis.

Rahmen eines Artenschutzprojektes kleine Haie im Mittelmeer aussetzten. Bei der Gelegenheit hat er mir einige Tricks und Kniffe gezeigt, mit denen auch ein schnappatmender Freitauchlaie wie ich erstaunlich schnell ein paar Anfangserfolge erzielen kann. Die richtige Atmung, die Entspannung, die Bewegungsabläufe – schon nach kurzem Üben konnte ich meinen persönlichen Freitauch-Tiefen-Rekord von ungefähr zwei auf ungefähr zwanzig Meter runterschrauben. Auch wenn das für Profis nur eine lächerliche Leistung ist – sie zeigt doch, dass Freitauchen nicht nur Talent, sondern vor allem Technik und Training erfordert. Damit kennt Christian sich aus, und er weiß auch, wie er sein Wissen vermitteln kann. Sogar ich habe es verstanden!

Dieses Buch ist ein wunderbares Werkzeug für alle, die sich noch gerne an ihre ersten Luftanhalteübungen in der heimischen Badewanne erinnern und nun die Faszination Freitauchen erleben wollen. Für abenteuerlustige Kindsköpfe wie mich; aber auch für ambitionierte Leistungssportler. Jeder kann seine eigenen Fähigkeiten mit diesem Lehrbuch individuell weiterentwickeln. Also, los geht's: Luft anhalten und umblättern.

Dirk Steffens

Dirk Steffens (links) mit dem Autor.

Einleitung

Freitauchen bzw. Apnoe liegt scheinbar im Trend, zumindest wenn man die Medienberichterstattung der vergangenen Jahre verfolgt. Jeden Monat gibt es neue Rekorde, leider aber auch entsprechende Unfälle. Was ich an all diesen Berichten jedoch vermisse, sind grundsätzliche Informationen über Grundlagen und Training im Freitauchen.

Seit nunmehr über 15 Jahren unterrichte ich das Freitauchen und merke dabei, dass das Interesse an dieser Sportart von Jahr zu Jahr größer wird. Ich habe bereits über 5.000 Schüler ausgebildet. Für die meisten Taucher ist jedoch der Einstieg in den Freitauchsport eine persönlich unangenehme Angelegenheit. Im Zuge eines Anfängertauchkurses wird man dazu genötigt, erste Apnoeübungen zu machen. Es wird einem auch gesagt, dass man dabei nicht hyperventilieren soll, keiner erklärt einem jedoch, wie man es richtig macht, geschweige denn, wie man sich unter Wasser entspannt. Der Proband weiß nun zwar, dass er eine Minute unter Wasser bleiben muss, hat dazu aber keine echte Vorbereitung. Was bleibt, ist der Blick auf die Uhr und die Hoffnung, diese eine Minute möge schnell vergehen. Im Anschluss taucht man auf und ist froh, die Übung hinter sich gelassen zu haben. Was fehlt, ist der Spaß am Freitauchen. In meinen Kursen werde ich von meinen Schülern oftmals gefragt, wo denn der Sinn eines Freitauchkurses liege. Man benötigt doch keine spezielle Ausbildung, borgt sich Maske, Schnorchel und Flossen aus, hält die Luft an und geht schnell mal Schnorcheln, und sei es nur, um seinen Bootsrumpf zu kontrollieren. Nun denn, natürlich kann man das so handhaben, es wird aber auch dementsprechend weniger Spaß machen, von der fehlenden Sicherheit ganz zu schweigen. Ich borge mir ja auch kein Tauchgerät aus und gehe schnell mal tauchen. Oftmals werde ich auch von Gerätetauchern gefragt, wie sie denn vom Freitauchen profitieren könnten, man dürfe doch nicht die Luft anhalten. In diesen Fällen ist jedoch durch eine gezielte Freitauchausbildung eine deutliche Verbesserung der mentalen Stärke, ein entsprechend entspannter Tauchgang und damit verbunden ein geringerer Pressluftverbrauch zu erzielen. Auch nicht schlecht, oder? Wie darf man sich nun einen solchen Kurs vorstellen? Nun, zu Beginn lasse ich meine Schüler zeittauchen, streckentauchen und tieftauchen – und zwar so, wie sie es bisher auch getan haben. Die erreichte Zeit, Strecke bzw. Tiefe wird notiert. Nach zwei Tagen Theorie und praktischen Übungen werden dieselben Übungen nochmals durchgeführt und mit den Anfangswerten verglichen. Im Durchschnitt verdoppeln die meisten Schüler hier ihre ersten Ergebnisse. Mehrere Minuten lang die Luft anzuhalten stellt nach der notwendigen Schulung kein

Einleitung

Puckjagd.

Problem mehr dar. Für die meisten Taucher klingt dies sehr utopisch – ist es aber nicht, sofern man weiß, wie man richtig atmet und sich dementsprechend unter Wasser entspannt. Jeder, der ein klein wenig trainiert, ist in der Lage, seine Leistungen deutlich zu steigern und neue Spitzenleistungen zu erbringen. Unter dem Training darf man sich auch keine Quälerei in einer Fitnesskammer vorstellen, es geht vielmehr darum, den Geist zu trainieren, denn der mentale Anteil ist sicherlich der größere am Training. Genau dieser Teil wird jedoch in den meisten Fällen vernachlässigt. Mit nur wenigen Tipps und Tricks kann man an sich selbst feststellen, wie einfach und schön es unter Wasser sein kann – auch ohne Gerät und ohne sportliche Spitzenleistungen erbringen zu müssen. Freitauchen ist ein wunderschöner Sport, den man als Spaß ausüben kann oder aber auch als Extremsport. Indem der Mensch dazu neigt, immer an seine Leistungsgrenze zu gehen – oder manchmal sogar darüber hinaus – passieren leider aber auch gelegentlich Unfälle. Ich möchte dieses Buch daher dazu nutzen, solche Unfälle zu vermeiden und den Spaßfaktor zu erhöhen. Dieses Buch soll keine Kurse ersetzen, es soll aber eine Art Leitfaden bilden, der Sie in Ihrem Bestreben nach Spaß unterstützt.

Über den Autor

Christian Redl wurde am 21. April 1976 geboren. Bereits im Alter von 10 Jahren tauchte er das erste Mal mit dem Gerät. 1992 absolvierte er seinen PADI Open Water Diver, 9 Jahre später und über 1.500 Tauchgänge mit Gerät mehr wurde er Tauchlehrer-Assistent.

Mit 17 Jahren entdeckte er durch den Film »Im Rausch der Tiefe« die Welt des Freitauchens. 1996 traf er das erste Mal seinen jetzigen Freund und Helden Umberto Pelizzari, welcher ihn animierte, eine Freitauchszene in Österreich aufzubauen. Christian Redl gründete einen Verein und nahm in den folgenden Jahren an einigen nationalen und internationalen Wettkämpfen teil, darunter auch an Weltmeisterschaften. 1999 ließ sich Christian Redl zum Apnea Academy Instructor von Umberto Pelizzari in Sardinien ausbilden. Seit dieser Zeit unterrichtet Christian Redl das Freitauchen in Österreich, Deutschland, Ägypten, in der Türkei, Schweiz, Zypern und in Fuerteventura. Um verschiedene Techniken zu sehen, besuchte er auch verschiedene Kurse, unter anderem von Kirk Krack (Trainer von Weltklasse-Freitauchern wie Bret LeMaster, Tanya Streeter, Martin Stepanek). Seit 2010 ist er auch CMAS-Instruktor und -Instruktor-Trainer. 2011 machte er sein eigenes Freitauchkursprogramm für PADI und bildete über 100 Freitauchlehrer aus. Seit 2014 arbeitet Christian Redl für SSI im Bereich Freitauchen.

Im Februar 2003 stellte er seine ersten Weltrekorde im Streckentauchen unter Eis auf. Darauf folgten einige Projekte in Mexiko. Neben dem Streckentauchen unter Eis stellte er auch Tieftauchrekorde unter Eis auf – daher der Spitzname »Iceman«. 2012 tauchte er als erster Mensch auf über 5.000 Metern Höhe in Nepal. Zur Zeit bereitet er sich auf einige Expeditionen zum Nord- und Südpol vor. Christian Redl und sein Trainingspartner Jaromir Foukal haben auch das »Eishockey unter Eis« erfunden.

Neben seinen Kursen arbeitet er auch als Stuntman und Schauspieler für diverse TV-Serien. Nähre Informationen über den Autor finden Sie auf seiner Homepage **www.christianredl.com**.

Der Autor Christian Redl.

Einleitung

Danksagung

Ich möchte mich bei Maria Kedwani und Thomas Kölbl für ihre Unterstützung bei diesem Buch bedanken und Leo Ochsenbauer für seine Hilfe bei der Formulierung des Textes.

Des Weiteren möchte ich mich bei allen bedanken, die mich unterstützt und an mich geglaubt haben, speziell bei meiner Familie, die mich immer bei meinen Vorhaben bestärkt hat.

Jaromir Foukal (bester Freund und Sicherungstaucher), meinen Ärzten, meinen Kameramännern und Fotografen, sowie meinen Sicherungstauchern; ohne sie wären meine Projekte und Rekorde nie möglich gewesen. Selbstverständlich gilt mein Dank auch meinen Sponsoren und Partnern.

Jaromir Foukal (rechts) und Christian Redl.

I Die Geschichte des Freitauchens

Das Freitauchen ist wohl die ursprünglichste Art des Tauchens. Archäologische Funde belegen, dass Menschen bereits seit ca. 4500 vor Christus mit dem Freitauchen ihren Lebensunterhalt bestreiten. In der Antike halfen Freitaucher dem griechischen Militär bei einem Angriff auf Syrakus (Sizilien) die Unterwasserbarrieren zu durchbrechen. Doch nicht nur das Militär tauchte; früher war dies der einzige Weg an Perlmuscheln, Schwämme oder andere Meeresfrüchte zu kommen.

Es gibt viele Regionen, in denen Menschen am Meer lebten und sich dort der Beruf »Taucher« entwickelte. Die ersten dafür bekannten Völker waren die Haen-Yo in Korea und Ama-Taucherinnen aus Japan, die beide heute noch mit angehaltenem Atem in die Tiefe tauchen, um Muscheln und Schwämme zu sammeln und später zu verkaufen. Im Unterschied zu den meisten anderen Völkern, bei denen Männer, zum Beispiel in Griechenland, nach Schwämmen tauchten, waren es in Japan und Korea die Frauen. Bis in die Gegenwart sind es die Frauen, die dieser Tradition nachgehen.

Den Perlen- und Schwammtauchern sagt man nach, ausgezeichnete Freitaucher zu sein. Man darf dabei aber nicht vergessen, dass diese schon im Kindesalter damit beginnen und nichts anderes machen. Die Meisten verwenden ein Gewicht, zum Beispiel einen Stein, um in die Tiefe gezogen zu

> **Apnoe, lat.: ohne Sauerstoff**
> **Apnoe, griech.: Atemstillstand**

werden, und nach getaner Arbeit zieht die Bootsbesatzung die Taucher wieder an die Oberfläche.

An dieser Stelle möchte ich Skandalopetra erwähnen. In Griechenland tauchten Freitaucher mit diesen nach Schwämmen. Skandalopetra ist eine Steinplatte, zwischen 8 und 14 kg schwer, hydrodynamisch und abgerundet. Mit Hilfe eines Seils wurde diese mit dem Boot verbunden. Die Schwammtaucher hatten beide Hände am Stein und tauchten so in die Tiefe, danach standen sie auf dem Stein und ein Bootsmann zog nun den Taucher samt Steinplatte an die Oberfläche zurück. Diese Technik wurde Tausende Jahre lang angewendet.

Einer der ersten Freitauchhelden war der Grieche Giorgios Haggi Statti. Seine legendäre Geschichte fand im Jahre 1913 statt. Das italienische Kriegsschiff Regina Margerita verlor bei einem Ankermanöver vor Karpathos seinen Anker. Dieser wurde auf einer Tiefe von ungefähr 75 Meter vermutet. Nach einigen Tagen und unzähligen Tauchgängen in der Manier der griechischen Schwammtaucher schaffte der Grieche es tatsächlich, den Anker in dieser Tiefe zu finden und zu bergen. Das Erstaunliche dabei

Die Geschichte des Freitauchens

waren die Ergebnisse, die der Schiffsarzt bei seiner Untersuchung des Griechen vor dessen Tauchgang erhielt: 175 cm groß, ungefähr 60 kg schwer, Puls zwischen 80 und 90 Schläge, ein Trommelfell war gerissen, das andere komplett weg, seine Lunge hatte ein Emphysem. Trotzdem war Giorgios Haggi Statti in der Lage, diese außergewöhnlichen Tauchgänge zu absolvieren. Im italienischen Marinemuseum in Rom findet man all diese Informationen.

Für die Entwicklung des heutigen Freitauchsports zeigen sich die Speerfischer oder Harpunetis rund ums Mittelmeer mitverantwortlich. Mit ihren Harpunen jagen sie nach Fisch.

Den ersten offiziellen Weltrekord stellte Raimondo Bucher 1949 auf. Er wettete, dass er auf eine Tiefe von 30 Meter tauchen könne. Zum Beweis seiner Leistung wartete ein Gerätetaucher auf dieser Tiefe mit einem Zylinder, darin war die Unterschrift des Schiedsrichters. Der Kampf um die Tiefe war offiziell eröffnet.

Skandalopetra, die Steinplatte zum Tauchen.

Damals glaubte man, dass man nicht tiefer tauchen könne. Es dauerte einige Jahre und einige Rekorde, bis 1961 Enzo Maiorca als Erster die Grenze von 50 Metern erreichte. 1976 war es Jacques Mayol, der die »Schallmauer« von 100 Meter mit einer Tiefe von 101 Meter durchbrach. Ihr Zweikampf wurde im Kultfilm »The Big Blue – Im Rausch der Tiefe« verfilmt. 1989 überraschte Angela Bandini alle, sie übertraf selbst die Männer und erreichte eine Tiefe von 107 Metern. Es wurden unzählige Rekorde in verschiedenen Disziplinen aufgestellt. Nach Mayol und Maiorca traten zwei weitere Konkurrenten auf die Bildfläche. Der Italiener Umberto Pelizzari und der Kubaner Francisco »Pipin« Ferrears (beide Hauptdarsteller im IMAX-Film »Oceanmen«). Umberto Pelizzari erreichte als erster Freitaucher 1999 die historische Tiefe von 150 Metern. Beide Freitaucher waren jahrelang die Stars der Szene.

Bei den Frauen gibt es natürlich auch Tiefenjägerinnen. Als erste bekannte Freitaucherin betrat die Kubanerin Deborah Andollo die Bildfläche, ihr folgte Tanya Streeter. Sie erreichte 2002 eine Tiefe von 160 Metern und war zu diesem Zeitpunkt wieder tiefer als die Männer.

Heute gibt es unzählige Top-Freitaucher aus allen Teilen der Welt. Das zeigt die Entwicklung des Apnoesports zum Breitensport. Die Weltrekorde werden nicht mehr im Jahresabstand gebrochen, sondern fast schon im Monatsschritt. Die erste Weltmeisterschaft fand 1996 in Nizza statt.

Früher kamen die Topfreitaucher aus

Die Geschichte des Freitauchens 13

Ein einsamer Felsbrocken am Seegrund.

Martin Stepanek (links).

den Mittelmeerregionen. Heute kommen sie aus Venezuela (Carlos Coste), Tschechien (Martin Stepanek), Österreich (Herbert Nitsch), und Belgien (Partick Musimu). Der Belgier Patrick Musimu durchbrach die 200-Meter-Marke im Jahr 2005. Die Liste aller aktuellen Rekorde findet man unter **www.aida-international.org**.

1993 wurde in Frankreich die AIDA (International Association for the Development of Apnea) gegründet. Diese Organisation hat die Regeln und Standards für Rekorde und Wettkämpfe festgelegt. AIDA ist in fast allen Ländern vertreten und organisiert regelmäßig Weltmeisterschaften und nationale Wettkämpfe. Neben der AIDA gibt es noch ein paar kleine Verbände, CMAS hatte sich 1995 aus dem Apnoesport teilweise zurückgezogen und kennt keine Rekorde mehr, früher waren die Rekorde von der CMAS abgenommen worden.

Wie geht die Rekordjagd weiter? Gibt es Grenzen? Ich persönlich denke, insbesondere vor dem Hintergrund der Entwicklung der letzten Jahre, dass es keine Grenzen gibt; es wird immer Menschen geben, die solche Grenzen nicht akzeptieren. Die Techniken werden auch immer mehr verfeinert und das Equipment verbessert. Man muss aber ebenso auf die Häufigkeit von Unfällen in

Die Geschichte des Freitauchens

den letzten Jahren hinweisen. Die Mehrheit aller Freitaucher wird jedoch nie in diese Tiefen vorstoßen, und sie wollen dies auch gar nicht. Es geht nicht immer um Weltrekorde, vielmehr steht das Faszinierende im Freitauchsport im Mittelpunkt: die Unterwasserwelt entspannt und ohne schwere Tauchgeräte erforschen zu können und sich selbst und seinen eigenen Körper dabei besser kennenzulernen.

Heutzutage kann man mit den richtigen Techniken und einer guten Ausrüstung sehr schnell an die Anfangsrekorde vorstoßen. Das Freitauchen ist nicht mehr Einzelnen vorbehalten, sondern hat sich als Sportart etabliert.

Umberto Pelizzari.

Die Geschichte des Freitauchens   17

2 Disziplinen des Freitauchens

Static/Zeittauchen

Bei »Static« oder »Zeittauchen« wird die maximale Tauchzeit ermittelt, die man mit einem Atemzug unter Wasser bleiben kann.

Zeittauchen.

Constant Weight/ Konstantes Gewicht

Der Taucher muss mit eigener Kraft ab- und wieder auftauchen. Das Eigengewicht des Tauchers darf nicht verändert werden und bleibt während des Tauchgangs unverändert.

Variable Weight/ Variables Gewicht

Der Taucher darf ein zusätzliches Gewicht von max. 35 kg für den Abstieg verwenden. Das Gewicht in Form eines Tauchschlittens bringt ihn ohne große Kraftanstrengung an das Ziel, und bleibt dort zurück. Der Rückweg zur Oberfläche muss aus eigener Kraft bewältigt werden. Es ist erlaubt, sich mit den Armen am Seil hochzuziehen oder mit Hilfe der Flossen hochzuschwimmen.

No Limits

Bei »No Limits« gibt es, wie der Name schon sagt, keinerlei Beschränkungen. Das Gewicht des Tauchschlittens, der den Taucher hinabzieht, darf frei gewählt werden. Für den Rückweg ist es erlaubt, in der maximalen Tiefe einen Hebesack zu füllen, der den Taucher zurück an die Oberfläche bringt.

Free Immersion

Die Disziplin »Free Immersion« ähnelt dem Tauchen mit konstantem Gewicht. Es darf kein zusätzlicher Ballast für den Abstieg verwendet werden. Jedoch ist es erlaubt, sich am Seil hinab- und beim Rückweg hochzuziehen (dabei hat man keine Flossen an).

Disziplinen des Freitauchens 19

Konstantes Gewicht.

Constant Weight No Fins / Konstantes Gewicht ohne Flossen

Diese Disziplin ähnelt dem Tieftauchen mit konstantem Gewicht, allerdings verwendet man keine Flossen zum Ab- und Auftauchen!

Dynamic / Streckentauchen

Bei »Dynamic« oder »Streckentauchen« versucht der Taucher mit einem Atemzug eine möglichst große Distanz in der Horzontalen zurückzulegen. Es gibt die Version mit und ohne Flossen.

Steckentauchen.

Disziplinen des Freitauchens

Da sich die Weltrekorde in sehr kurzen Abständen ändern, macht es keinen Sinn, diese hier anzuführen. Die aktuellen Weltrekorde können Sie der Homepage von AIDA International **www.aida-internatianal.org** entnehmen.

No Limits.

3 Die Ausrüstung

Zwar braucht man für das Freitauchen wesentlich weniger Ausrüstung als für das Gerätetauchen, doch sind wir auf diese Ausrüstung besonders stark angewiesen. Deshalb ist es sehr wichtig, bei der Auswahl des Equipments sehr sorgfältig vorzugehen. Nur so ist es möglich, das in Ausbildung und Training erworbene Wissen und Können optimal umzusetzen.

Für den Anfang mag die Ausrüstung vom Gerätetauchen ausreichen, doch wer größere Ambitionen hegt, sollte spezielle Apnoe-Ausrüstungsgegenstände ankaufen. Grundsätzlich benötigt man:

- Anzug
- Flossen
- Tauchmaske mit möglichst geringem Volumen
- Gummi-Bleigurt mit Schnellabwurf.

Anzug

Das Wichtigste beim Tauchanzug ist die Passform. Er sollte relativ eng anliegen, jedoch darf er die Atmung in keinem Fall behindern. Falls Sie einen Anzug mit Reißverschluss haben möchten, sollte sich dieser nach Möglichkeit am Rücken befinden, da ein Frontreißverschluss die Ausdehnung der Lunge beim Einatmen behindert. Am besten wäre jedoch einer ohne Reißverschluss. Diese Anzüge kommen meistens aus dem Bereich der Unterwasserjagd und zeichnen sich durch ein extrem weiches Neopren aus, dadurch haben sie eine hohe Beweglichkeit und sind sehr bequem. Diese Anzüge bestehen aus zwei Teilen, einem Long-John und einem Oberteil.

Es gibt im Prinzip zwei Varianten: normales Neopren oder glattes. Die glatte Innenseite garantiert eine perfekte Passform und eine gute Wärmeisolation, allerdings ist das An- und Ausziehen eine Herausforderung. Eine glatte Außenseite hat den Vorteil, dass diese strömungsgünstiger ist. Allerdings sind diese Anzüge nicht sehr robust.

Handschuhe

Handschuhe sind je nach Wassertemperatur und Tiefe zu empfehlen. Sie sollten warm, passgenau und trotzdem dünn sein, um ein gutes »Griffgefühl« zu haben. Zu dicke Handschuhe erschweren den Druckausgleich, da man mit den Fingern schwerer zur Nase gelangt. Handschuhe sollten allerdings nicht als Freibrief für das Betasten von Korallen usw. betrachtet werden.

Neoprensocken

In kälteren Gewässern sollte man auf jeden Fall auf Neoprensocken zurückgreifen, Füß-

Die Ausrüstung

linge sind nicht geeignet. Beim Freitauchen verwendet man Flossen mit geschlossenem Fußteil. Bei den meisten Flossen ist das Fußteil relativ hart und es kann zu Reibungen zwischen Fußteil und Fuß kommen, deshalb sollte man immer Neoprensocken verwenden.

Flossen

Grundsätzlich gibt es zwei Arten von Flossen: Solche mit offenem und solche mit geschlossenem Fußteil. Während Flossen mit offenem Fußteil fürs Gerätetauchen sehr gut geeignet sind, bieten sie dem Freitaucher viele Nachteile:
- Das relativ klobige Fußteil und die Bänderung erzeugen Verwirbelungen und sorgen für unnötigen Wasserwiderstand.
- Durch die Bänderung könnte man sich im Führungsseil leicht verhaken.
- Da der Kraftschluss zwischen Fuß und Fußteil durch die ungenaue Passform und die elastischen Bänder nur ungenügend ist, verpufft sehr viel Energie, die man als Vortrieb brauchen könnte.
- Durch die bei solchen Flossen benötigten Füßlinge wird sowohl die Reibung als auch der Auftrieb erhöht, was wiederum einen größeren Energieaufwand bedeutet.

Aus diesem Grund werden beim Freitauchen ausschließlich Flossen mit geschlossenem Fußteil verwendet. Beim Anprobieren sollten immer auch die Neoprensocken getragen werden. Wenn die Flossen eng sitzen, könnte es sein, dass diese mit Neoprensocken nicht mehr passen. Die ideale Freitauchflosse für jedermann muss erst noch erfunden werden.

Grundsätzlich sind Apnoeflossen länger als normale Taucherflossen. Je länger und je härter das Flossenblatt ist, desto mehr Vortrieb hat man, aber auch umso mehr Kraftaufwand benötigt man. Es gibt auch Flossen mit auswechselbarem Flossenblatt. So kann die Härte und Länge dem jeweiligen Trainingsstatus angepasst werden. Zur zu-

Freitauchflossen, Plastik und Karbon.

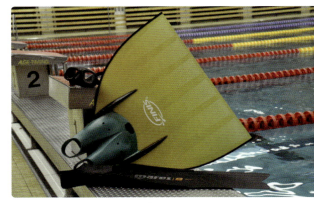

Vergleich Monoflosse/Stereoflosse.

sätzlichen Sicherung der Flosse am Fuß gibt es spezielle Gummibänder. Diese Gummibänder sind deshalb wichtig, weil die Neoprensocken durch den Wasserdruck dünner werden, außerdem kann es sein, dass die Flossen auf Grund des Fußteiles nicht zu 100 % passen, damit man die Flossen nicht verlieren kann. Auch sogenannte Hallenbadflossen lassen sich verwenden, zu Beginn sicher eine gute Möglichkeit.

Es gibt Flossen aus Plastik und Karbon. Der Vorteil bei Karbonflossen liegt in der Veränderung der Härte, Plastikflossen werden mit der Zeit weicher. Das kann bei Karbonflossen nicht passieren. Plastikflossen haben den Vorteil, dass man sie gut transportieren kann und sie billiger sind.

Beim Streckentauchen werden häufig **Monoflossen** verwendet, der Vorteil bei diesen Flossen ist, dass man mehrere Muskelgruppen beansprucht, also nicht nur die Beinmuskulatur, sondern auch die Bauch- und Rückenmuskulatur. Man kann beachtliche Geschwindigkeiten mit diesen Flossen erreichen. Auch hier gilt: Man sollte die Härte der Flosse dem Trainingszustand anpassen.

Maske und Schnorchel.

Maske und Schnorchel

Das Wichtigste bei der Maske ist ein möglichst kleines Volumen. Dadurch braucht man beim Ausgleichen der Maske weniger Luft – weniger Luft in der Maske bedeutet mehr Luft in der Lunge. Weiter soll die Maske stromlinienförmig geformt sein und nicht durch herabhängende Bänder unnötigen Wasserwiderstand bieten.

Der Schnorchel sollte auch bei den Apnoetauchern immer dabei sein, selbst wenn man während des Tauchgangs darauf verzichtet. Bei der Sicherung des Partners ist er allerdings sehr wichtig, um diesen während des Tauchgangs beobachten zu können. Ein möglichst einfacher Schnorchel ohne Faltenschlauch und ohne Ventile ist am besten dafür geeignet. Er sollte nur ca. 3 cm über den Kopf des Apnoisten ragen und sehr eng am Kopf befestigt sein.

Generell sollte der Schnorchel nicht länger als etwa 35 Zentimeter sein und der Innendurchmesser zwischen 18 und 25 mm betragen. Ist er länger, kommt es zur Pendelatmung. Das heißt, die ausgeatmete Luft verbleibt im Schnorchel und wird nicht durch Frischluft ersetzt. Der Taucher atmet seine verbrauchte Luft so lange wieder ein, bis er ohnmächtig wird. Eine weitere Gefahr bei zu langem Schnorchel ist, dass zwischen Lunge und Wasseroberfläche aufgrund der starken Höhendifferenz ein Druckunterschied entsteht und sich Blut in der Lunge ansammelt.

Verwendet man einen Schnorchel, ist es wichtig, beim Abtauchen diesen Schnorchel aus dem Mund zu nehmen. Man erspart sich das Ausblasen, welches nach einem tiefen und langen Tauchgang sehr schwierig und gefährlich sein kann, und im Falle einer Bewusstlosigkeit verhindert man so, dass über den Schnorchel ungehindert Wasser in die Lunge eindringen kann.

Je tiefer man taucht, desto schwieriger wird der Druckausgleich in der Maske. Deshalb wird bei Tauchgängen jenseits der 100 Meter auf Masken komplett verzichtet. Hier gibt es die Möglichkeit Kontaktlinsen mit sehr hoher Dioptrienzahl zu verwenden.

Schwimmbrillen sind für das Tieftauchen ungeeignet, da man ohne den Nasenerker keinen Druckausgleich in der Maske machen kann. Es kommt dann durch den fehlenden Druckausgleich zu einem Barotrauma.

Bleigurt

Der Bleigurt muss mit einem Schnellöffnungsmechanismus versehen sein. Dieser sollte mit der rechten Hand zu öffnen sein. Es gibt spezielle Gummigurte. Die Vorteile vom Gummigurt: durch seine Flexibilität kann der Gurt enger geschnallt werden und trotzdem kann man in den Bauch tief einatmen, da er in diesem Moment nachgibt. Außerdem verrutscht der Gummibleigurt weniger in der Tiefe.

Völlig ungeeignet sind die Softbleigurte mit Taschen und Schrotblei. Diese Bleigurte kann man nicht eng schließen und sie beginnen auf den ersten Metern zu verrutschen. Außerdem könnten beim Kopf-

überabtauchen Bleistücke aus den Taschen fallen.

Manchmal sieht man Freitaucher mit einem sogenannten Nackengewicht. Dabei trägt man das Blei in einem Kragen um den Hals. Man ist dadurch optimal tariert und liegt besser im Wasser. Ideal fürs Streckentauchen.

Tiefenmesser und Uhr

Sowohl Tiefenmesser als auch Uhr sind sehr wichtige Instrumente beim Freitauchen. Manche Hersteller bieten Uhren mit integriertem Tiefenmesser an. Am besten geeignet sind jedoch speziell für das Freitauchen hergestellte Computer, die sowohl die Tiefe als auch die Dauer des Tauchganges anzeigen und in einem Logbuch abspeichern. Außerdem ist es möglich, bestimmte Limits bei Tiefe und Grundzeit einzustellen, bei deren Überschreiten ein Warnsignal ertönt. Des Weiteren haben diese Computer auch meistens an der Oberfläche einen Zeitmodus, der einen ablesen lässt, wie lange man schon an der Oberfläche verweilt und at-

Uhr mit Tiefenmesser und Freitauchcomputer.

Lanyard, die Verbindung zum Seil.

met. Diese Faktoren sind wichtig, um sinnvolle Trainingsprogramme zu erstellen und danach zu trainieren.

Herkömmliche Tauchcomputer haben den Nachteil, dass sie einerseits die wesentlich höheren Aufstiegsgeschwindigkeiten beim Freitauchen als zu schnell klassifizieren und andererseits relativ lange Oberflächenintervalle benötigen, um einen neuen Tauchgang auch als solchen zu erkennen.

Es gibt mittlerweile Gerätetaucheruhren oder Computer, die einen Freitauchmodus aufweisen. In diesem Modus sind alle Gerätetauchfunktionen, wie zum Beispiel die Aufstiegswarnung, ausgeschaltet. Aber Achtung, diese Computer sind nicht in der Lage, die Freitauchgänge für die Wiederholungsgerätetauchgänge zu berücksichtigen. Hier besteht die Gefahr eines Dekounfalls!

Taucherflagge/Boje/Seil

Eine schwimmende Taucherflagge sollte überall dort mitgeführt werden, wo Bootsverkehr denkbar ist. Diese rot-weiße Flagge warnt Schiffe, mindestens 30 Meter Abstand zu halten.

Es gibt aber auch Gewässer, wo Tauchflaggen vorgeschrieben sind.

Beim Tieftauchen verwendet man ein Seil als Orientierung in die Tiefe und wieder zurück. Das Seil sollte hell und zwischen 8 und 12 mm dick sein. Das Seil kann markiert werden, um zu wissen, wie tief man gerade ist.

An der Oberfläche sollte man eine große Boje oder einen Fender verwenden, um sich auch am Seil eventuell wieder hochziehen zu können. Als Grundgewicht empfiehlt sich eine helle Hantelscheibe, da man diese früher sieht als zum Beispiel einen Bleigurt.

Messer

Ein kleines, scharfes Messer sollte stets mitgeführt werden, am besten am Bleigurt montiert. Speziell in dunklen Seen kann man oft abgerissene Angelschnüre nicht sehen und läuft Gefahr hängen zu bleiben.

Die Ausrüstung

Nasenklammer

Speziell beim Zeittauchen gibt es einige Freitaucher, die ohne Maske tauchen wollen. Es stört aber das eindringende Wasser in der Nase. Beim Tieftauchen wird die Nasenklammer ohne Taucherbrille verwendet, hier hat man den Vorteil, dass man beide Hände frei hat.

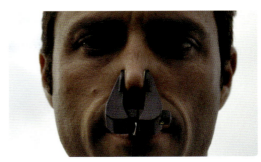

Nasenklammer.

Lanyard

Beim Tieftauchen kann man eine sogenannte Lanyard verwenden. Diese Sicherheitsleine ist mit dem Führungsseil und mit dem Handgelenk verbunden. Über einen Schnellverschluss kann man die Leine trennen. Der Vorteil liegt darin, dass man auch bei geschlossenen Augen tauchen kann und das Führungsseil nie verliert.

Freitauchtasche.

Tauchtasche

Es gibt spezielle Taschen für die langen Apnoeflossen. Diese Taschen haben den Vorteil, dass man die Flossen damit relativ leicht transportieren kann.

Tasche für die Apnoeflossen.

Bezugsquellen

In den letzten Jahren hat sich das Freitauchen auch in unseren Breiten weiterentwickelt und somit hat auch die Tauchbranche vor diesem Trend nicht halt gemacht. Im größeren und gut sortierten Tauchsportfachhandel findet man eine Auswahl an Freitauchequipment. Es gibt aber auch die Möglichkeit, übers Internet die gewünschte Ausrüstung zu beziehen.

4 Sicherheitsaspekte

Das Blackout – Niemals alleine tauchen

Grundsätzlich gibt es zwei Arten von Blackouts, das heißt vom Verlieren des Bewusstseins, die für uns beim Freitauchen von Bedeutung sind.

Bei der ersten Kategorie handelt es sich um Blackouts, welche in der Tiefe vorkommen können (deep water blackout). Für deren Auftreten gibt es 2 Möglichkeiten:
a) eine bradykarde Herzrhythmusstörung, oder
b) ein epileptischer Anfall in der Tiefe.

Beide dieser Möglichkeiten sind selten und es liegt ihnen eine Pathologie, das heißt eine »Vorerkrankung« zu Grunde. Vor allem eine bradykarde Rythmusstörung kann ein erfahrener Taucharzt mit Hilfe eines EKGs, unter künstlicher Herabsetzung der Herzfrequenz (siehe Tauchreflex) durch Eintauchen des Gesichtes in kaltes Wasser, schon vor den ersten Tauchgängen feststellen. Eine Untersuchung der Tauchtauglichkeit ist in jedem Fall zu empfehlen.

Die zweite Kategorie der Blackouts (shallow water blackout), der Bewusstseinsverlust in seichtem Gewässer, betrifft uns bei der Ausübung des Freitauchens viel häufiger. Dies kann sowohl im Schwimmbecken als auch beim Auftauchen nach einem Tieftauchgang passieren.

Hinter der Steuerung der Atmung verbirgt sich ein sehr komplexes System, welches auf Grund vieler Parameter sowohl die Atemfrequenz als auch die Atemtiefe (Atemzugsvolumen) regelt.

Die beim Tauchen entscheidenden Parameter sind der Sauerstoff- (O_2) und Kohlendioxidgehalt (CO_2) des Blutes. Unter normalen Bedingungen wird der Atemreiz ausschließlich durch die CO_2-Konzentration ausgelöst, sobald also eine gewisse Konzentration erreicht ist. Kohlendioxid steigt als »Abbauprodukt« bei der Energiebereitstellung durch O_2-Verbrauch im Muskel im Blut an. Ab einem gewissen Wert wird durch das Atemzentrum die Atmung angeregt. Ausnahmen stellen jedoch Erkrankungen dar, bei denen regelmäßig so viel CO_2 im Blut ist, dass sich der Körper daran gewöhnt und der Atemreiz durch Hypoxie (Sauerstoffmangel) ausgelöst werden muss.

Beim Tieftauchen betrifft uns das Wechselspiel zwischen O_2 und CO_2 sehr stark, da der Körper anderen Umwelteinflüssen ausgesetzt ist als gewohnt.

Mit der Zunahme des Umgebungsdrucks beim Abtauchen nimmt auch der Druck der Atemgase zu. Normalerweise, das heißt an Land, entspricht der Partialdruck (das ist der Druck eines einzelnen Atemgases im Körper) dem Verhältnis der Gase zueinander. In der Tiefe jedoch ändern sich die Partialdrücke von O_2 (PaO_2) und CO_2 ($PaCo_2$) nicht im gleichen Ausmaß. Während der PaO_2 stark ansteigt, bleibt der $PaCO_2$ verhältnismäßig niedrig. Dadurch spüren wir beim Abtauchen eigentlich keinen Atemreiz oder ein unangenehmes Gefühl. Man sollte auf keinen Fall so tief tauchen, bis dieses Gefühl auftritt, da man in diesem Moment noch den gesamten Rückweg vor sich hat!

Beim Auftauchen passiert nun Folgendes:
Einerseits haben wir durch unsere Muskelarbeit Sauerstoff verbraucht und Kohlendioxid angereichert. Gleichzeitig nehmen die Partialdrücke wieder ab, und auch diesmal beim O_2 stärker und schneller. Vor allem auf den letzten zehn Metern (deshalb »shallow water blackout« genannt), auf denen sich der Umgebungsdruck halbiert (siehe Abschnitt »Druck und Atemwege« im Kapitel 12), verändern sich die Partialdrücke sehr rasch.

Dies kann dazu führen, dass wir eine Sauerstoffsättigung erreichen, welche unser Gehirn nicht mehr akzeptiert und daher, zur Sicherheit (!), den Körper in einen »Ruhemodus« versetzt. Das für uns sichtbare Resultat: ein Blackout.

Um die CO_2-Toleranz zu erhöhen, gibt es nun zwei Möglichkeiten. Die erste, »schlechte«, Methode bedient sich der Hyperventilation (siehe unten). Die zweite wird durch regelmäßiges Training erreicht und stellt die einzig sinnvolle Variante dar, weil der Körper genügend Zeit hat sich an die für ihn völlig neuen Bedingungen anzupassen.

Hyperventilation

Durch Hyperventilation lässt sich die Apnoezeit verlängern! Allerdings steigt das Risiko eines Unfalls. Was passiert beim Hyperventilieren?

Durch Hyperventilation nimmt man nicht mehr Sauerstoff auf!

Bei normaler Atmung ist das Hämoglobin schon mit 97 % Sauerstoff gesättigt. Somit lässt sich der Sauerstoffgehalt kaum noch steigern. Also kann die Apnoezeit nicht vom Sauerstoff direkt abhängen, aber wieso können wir trotzdem länger ohne Atmung auskommen?

Betrachten wir noch mal kurz, wie die Atmung funktioniert:

Das Atemzentrum misst den pCO_2-Gehalt im Blut. Erreicht dieser Wert eine bestimmte Grenze, wird der Atemreiz ausgelöst.

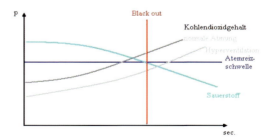

Durch Hyperventilieren wird der pCO_2-Gehalt gesenkt und der Atemreiz kommt, nachdem die Hypoxie-Schwelle überschritten ist (siehe Abb. oben).

Opfer eines Blackouts kommen an der Wasseroberfläche üblicherweise bereits nach wenigen Sekunden wieder zu sich. Unter Wasser sind bewusstlose Freitaucher jedoch akut durch Ertrinken gefährdet. Bewusstlos absinkende Taucher haben zwar die bewusste Kontrolle über ihren Körper verloren, verfügen aber noch über Schutzreflexe.

Einer dieser Schutzreflexe ist der Laryngospasmus. Dieser Laryngospasmus verschließt die Stimmbänder, was wiederum verhindert, dass Wasser in die unteren Atemwege gelangen kann. Ein Laryngospasmus löst sich nach einiger Zeit wieder, was bei einem Freitaucher, der sich noch im Wasser befindet, zu großen Problemen führen kann. An der Wasseroberfläche löst sich dieser Krampf, wenn man den Kopf des Opfers aus dem Wasser hält; das bewusste Atmen des Apnoisten setzt dann wieder ein.

Bei einem bewusstlosen Taucher unter Wasser ist es möglich, dass nach einiger Zeit dieser Laryngospasmus nachlässt, was selbst nach einer erfolgreichen Wiederbeatmung zu Problemen führen kann. Eine sofortige Wiederbeatmung läuft Gefahr, durch einen Laryngospasmus anfänglich behindert zu werden, da keine Luft eingeblasen werden kann. Weil sich der Laryngospasmus jedoch schnell löst, kann bereits im Wasser mit der Beatmung begonnen werden.

Ziel ist es jedoch, in jedem Fall den Taucher so schnell wie möglich aus dem Wasser zu bergen! Ist allerdings Wasser in die Lunge eingedrungen, muss das Opfer mit ganz besonderer Vorsicht behandelt werden. Selbst wenn sich der beinahe Ertrunkene nach der Wiederbeatmung sehr gut fühlen sollte,

kann bis zu 24 Stunden nach dem Blackout durch das eingedrungene Wasser ein sogenanntes **sekundäres Ertrinken** auftreten. Deshalb muss im Falle eines Beinahe-Ertrinkens stets ein Arzt hinzugezogen werden, auch wenn es dem Opfer subjektiv gut gehen sollte.

Der Sicherungstaucher an der Oberfläche sollte stets gut vorbereitet sein, um in einem solchen Fall schnell abtauchen und den bewusstlosen Freitaucher bergen zu können. Nach einigen tiefen Atemzügen taucht er ab (besser wäre: nach einer vereinbarten Zeit nachzutauchen, auf einer vereinbarten Tiefe zu warten und dann gemeinsam aufzutauchen) und wendet bei der Rettung des Bewusstlosen folgende Techniken an:

Das Retten und Bergen eines bewusstlosen Freitauchers

Bei der Bergung eines bewusstlosen Tauchers muss besonders vorsichtig vorgegangen werden. Das Blackout ist eine Reaktion des Körpers auf eine drohende kritische Unterversorgung mit Sauerstoff. Weder Schreien noch Ins-Gesicht-Schlagen sind zielführend. Besser ist folgende Vorgehensweise:

- Stützen Sie den Kopf, indem Sie ihn von hinten in der Hand bergen.
- Decken Sie Maske und Mund mit der anderen Hand ab, um das Eindringen von Wasser zu verhindern.
- Schwimmen Sie an die Oberfläche und stützen ihn dabei weiter.

Sicherheitsaspekte

- Den Kopf leicht überstrecken, um die Atemwege offen zu halten.
- Maske an der Oberfläche abnehmen, um die Atmung zu erleichtern.
- Den Bewusstlosen ansprechen und zum Atmen ermuntern.
- Auf das Ansprechen des Tauchers warten (Bewusstsein, Atmung):
- Flachwasser-Blackout nach ca. 3–10 Sek.
- Tiefwasser-Blackout nach ca. 10–30 Sek.
- Wenn die Atmung wieder eingesetzt hat, den Taucher bis zum Verlassen des Wassers genau beobachten, denn es kann auch passieren, dass ein Taucher erst an der Oberfläche bewusstlos wird.
- Weitere Tauchgänge sollten am gleichen Tag nicht mehr unternommen werden.

Falls der Freitaucher nicht anspricht und die Atmung nicht einsetzt

- Blei und Maske beider Taucher entfernen.
- Erste-Hilfe-Programm starten: Ansprechen, Freilegen der Atemwege, Kontrolle der Atmung.
- **Keine Atmung**
- Mund-zu-Mund-Beatmung beginnen (2 Atemzüge gefolgt von 1 Atemzug alle 5 Sekunden).
- Taucher so schnell als möglich aus dem Wasser bringen. Im Wasser ist das Beatmen sehr schwierig.
- Auf festem Boden Beatmung fortsetzen, Puls fühlen und gegebenenfalls mit Herzmassage beginnen.

Lost of Motor Control/Samba

LMC (Lost of Motor Control) oder auch Samba genannt, der Name kommt von den unkontrollierten Muskelzuckungen: man kann dieses Erscheinungsbild mit einem epileptischen Anfall vergleichen. Ein LMC kommt kurz vor einem Blackout.

Trennung vom Tauchpartner

Durch nahes Beieinanderbleiben kann dies vermieden werden. Da jeder Taucher für seinen Buddy mitverantwortlich ist, sollte man sich nicht von äußeren Einflüssen ablenken lassen.

1. An der Oberfläche

Durch das Verwenden von Pfeifen oder Hörnern kann an der Oberfläche versucht werden, wieder Kontakt mit dem Tauchpartner aufzunehmen. Wenn nach 5 Minuten der Buddy nicht gefunden werden konnte, sollte man sich an einen vorher vereinbarten Platz begeben. Dies kann ein Boot oder ein markanter Punkt im Riff oder Ähnliches sein.

2. Unter Wasser

Falls der Tauchpartner unter Wasser verschwunden ist, treten nach seiner Lokalisierung sofort die Regeln für das Bergen eines bewusstlosen Tauchers in Kraft.

Sicherung durch den Partner

Die wichtigste Regel beim Freitauchen: **Tauche nie allein!**

Zeittauchen:

Der Partner sollte sich im Wasser befinden. Man verabredet vorher, wann man die Zeichen erhalten möchte. Im Wettkampf sieht dies folgendermaßen aus: Die angegebene Zeit beträgt z.B. 4 Minuten. 1 Minute vorher, also bei 3 Minuten, kommt das erste Klopfzeichen. Der Taucher muss ein deutliches Signal geben. Geschieht dies nicht, fragt der Sicherungstaucher ein zweites Mal nach. Bleibt das Zeichen wiederum aus, muss der Sicherungstaucher seinen Partner aus dem Wasser holen. Wird mit einem Zeichen geantwortet, ist alles in Ordnung. Bei 3 Minuten 30 Sekunden wird ein erneutes Zeichen gegeben, anschließend bei 4 Minuten und danach alle 15 Sekunden, um das Risiko so gering wie möglich zu halten.

Von dieser Richtschnur kann man selbstverständlich abweichen, wenn man die Regeln vorher vereinbart hat. Wichtig dabei ist, der sichernde Partner ist nicht nur zum Stoppen der Zeit da, sondern muss seinen Taucherkollegen im Auge behalten. Auch nach dem Auftauchen sollte man den Partner fragen, ob alles OK ist, und sich nicht gleich wegdrehen.

Sicherung beim Tieftauchen.

Sicherheitsaspekte

Streckentauchen:

Beim Streckentauchen sollte man wieder seinen Partner fragen, welche Strecke er anstrebt. Die letzten 25 % der Strecke sollte der Sicherungstaucher an der Oberfläche mitschwimmen, um rasch eingreifen zu können. Ein Blackout passiert eher am Ende eines Tauchganges. Auch hier gilt: bis zum Auftauchen, und auch noch danach, den Tauchpartner beobachten.

Tieftauchen:

Man sagt seinem Sicherungstaucher, wie tief man tauchen möchte und wie lange das ungefähr dauern wird. Je nach angestrebter Tauchtiefe wartet der Sicherungstaucher zunächst an der Oberfläche und taucht gegen Ende des Tauchgangs auf ungefähr 15 Meter. Hier erwartet er den Tauchpartner, der aus der Tiefe kommt, und beide tauchen auf, die Gesichter einander zugewandt.

Die meisten Blackouts geschehen wie gesagt an der Oberfläche oder kurz unter der Oberfläche. Man sollte seinen Partner deshalb auch nach dem Auftauchen noch etwas beobachten.

Sicherung beim Zeittauchen.

Sicherheitsaspekte 35

Bergung eines bewusstlosen Freitauchers.

5 Atemtechniken

Grundsätzlich gilt: Man sollte doppelt solange ausatmen, wie man einatmet. Also zum Beispiel 20 Sekunden ausatmen, 10 Sekunden lang einatmen. Zu Beginn wird man die Sekunden gedanklich mitzählen, später läuft dieser Rhythmus automatisch ab. Der Atemrhythmus sollte konzentriert durchgeführt werden, die Augen sollten geschlossen sein, man verfolgt innerlich die Luft, die in den eigenen Körper ein- und ausströmt.

Durch das längere Ausatmen kann man sehr schnell und einfach den Puls senken. Beim Einatmen füllt sich die Lunge und drückt auf die umliegenden Organe, beim Ausatmen wird dieser Druck geringer und der Puls senkt sich dabei.

Wenn man sich die Lunge als Dreieck vorstellt, dann atmen die meisten Menschen nur mit dem obersten Teil dieses Dreiecks, also eigentlich dem kleinsten Teil. Deshalb sollte man versuchen, die ganze Lunge mit Luft zu füllen. Die sogenannte Vollatmung aus dem Yoga ist als Ideal-Atmung definiert. Sie besteht aus 3 Teilatmungen: Zwerchfellatmung, Flankenatmung und der oberen Atmung. Man sollte jede einzelne dieser Teilatmungen separat üben und am Schluss gemeinsam durchführen.

Yoga-Atmung (Pranayama)

Zwerchfellatmung

Legen Sie sich auf den Rücken, setzen die rechte Hand auf den Brustkorb und die linke auf den Nabel. Atmen Sie aus. Nun wieder tief einatmen und die Luft in die Lunge strömen lassen. Dabei werden Sie spüren, wie sich die Bauchdecke unter der linken Hand langsam hebt. Drücken Sie – wenn nötig – mit der rechten Hand gegen den Brustkorb, damit dieser sich nicht weitet. Nun durch die Nase wieder ausatmen und dabei sanft gegen die Bauchdecke drücken. Bei dieser Atmung darf sich nur die Bauchdecke bewegen, nicht der Brustkorb.

Flankenatmung

Legen Sie sich auf den Rücken und Ihre Handflächen an die unteren Rippen und an die Taille. Nun ausatmen. Atmen Sie wieder ein und stellen sich vor, dass der größte Teil

Zwerchfellatmung.

der Atemluft in die Flanken fließt. Der Brustkorb weitet sich, die Hände werden zur Seite gedrückt. Atmen Sie nun ruhig durch die Nase aus.

Obere Atmung

Legen Sie sich auf den Rücken. Kreuzen Sie die Unterarme. Legen Sie die rechte Hand auf den linken oberen Brustkorb und das linke Schlüsselbein, die linke Hand auf den rechten oberen Brustkorb und das rechte Schlüsselbein. Atmen Sie nun aus und wieder ein. Stellen Sie sich bildlich vor, wie der größte Teil der Atemluft zu den Lungenspitzen fließt. Der Brustkorb dehnt sich, die Hände werden mitbewegt. Die Schultern dürfen sich dabei nicht nach oben bewegen. Atmen Sie durch die Nase wieder aus. Spüren Sie, wie der Oberkörper sich wieder senkt.

Vollatmung

Die Vollatmung ist eine Verbindung von Zwerchfell-, Flanken-, und oberer Atmung. Sie ist die natürliche Atmung des Menschen.

Legen Sie sich auf den Rücken und richten Sie Ihre ganze Vorstellungskraft auf die Vollatmung. Atmen Sie nun einmal aus und wieder ein. Lassen Sie die einströmende Atemluft zunächst in den unteren Teil der Lunge strömen und dann immer weiter die Lunge füllen: Der Bauch hebt sich, die Flanken und der obere Brustkorb weiten sich. Atmen Sie aus und entspannen Sie dabei die Atemmuskeln. Vermeiden Sie jede Anstrengung. Der Atem soll im Laufe der Übungen immer tiefer und gleichmäßiger werden. Wichtig

Flankenatmung.

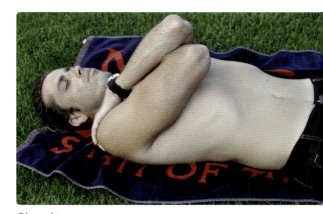

Obere Atmung.

dabei ist, dass man zuerst den untersten Teil der Lunge komplett füllt und dann erst weiter nach oben atmet. Fülle ich die Lunge zuerst im oberen Teil mit Luft, kann ich nicht mehr weiter einatmen, da man die Luft in der Lunge nicht verschieben kann.

Es gibt drei Grundtypen der Atmung: Schlüsselbeinatmung (flach), Brustatmung (mittel), Bauchatmung (tief). Richtiges Yoga-Atmen bedeutet, alle drei Arten miteinander zu verbinden. Bei geschlossenem Mund wird durch die Nase voll ein- und ausgeatmet, unter vollständiger Einbeziehung der

Lunge. Beim Ausatmen zieht sich der Bauch zusammen, das Zwerchfell hebt sich und massiert dabei das Herz. Beim Einatmen dehnt sich der Bauch, das Zwerchfell senkt sich und massiert die Bauchorgane.

Pranayama besteht aus drei Teilen pro Atemzug: Einatmen, Anhalten, Ausatmen. Der Schlüssel liegt im richtigen Ausatmen, denn je mehr verbrauchte Luft ausgeatmet wird, desto mehr frische kann wieder in die Lungen eingeatmet werden. Yoga-Übungen betonen vor allem eine verlängerte Phase des Atemanhaltens und des Ausatmens. Dabei ist die Ausatmung bei einigen Übungen doppelt so lang wie die Einatmung, das Anhalten viermal so lang. Um einen freien Fluss zu gewährleisten, sollte man eine aufrechte Position wählen, im »Schneidersitz« oder besser noch im Lotus; geht beides nicht, dann aufrecht sitzen.

Im Mittelpunkt des Pranayama sollten zwei Grundübungen stehen, die hier kurz vorgestellt werden: KAPALABHATI und ANULOMA VILOMA.

Kapalabhati (Stoßatmung)

Kapalabhati ist nicht nur Atmung, sondern auch eine wichtige Reinigungstechnik für die Atmungsorgane. Durch die forcierte Ausatmung wird verbrauchte Luft aus den Lungenspitzen gestoßen, Raum für die Aufnahme frischer, sauerstoffreicher Luft geschaffen und das gesamte Atemsystem gereinigt. Wörtlich übersetzt heißt Kapalabhati »einender Schädel«, wirkt tatsächlich klärend auf den Geist und fördert die Konzentration durch erhöhte Sauerstoffaufnah-

me des Körpers. Die Übung besteht aus einer Reihe von Aus- und Einatmungen mit anschließendem Atemanhalten.

Eine Runde Kapalabhati:

Man führt zwei normale Atemzüge durch. Einatmen, kurz und kräftig ausatmen (deutlich zu hören) und dabei den Bauch einziehen.

Passiv und geräuschlos einatmen, dabei den Bauch entspannen. Dies 20-mal bei ständiger Betonung des Ausatmens wiederholen.

Dann einatmen, vollständig ausatmen, voll einatmen und den Atem so lange, wie es ohne Verkrampfung geht, anhalten. Langsam ausatmen.

Zu Beginn praktiziert man drei Runden mit 20 Atemzügen, die dann allmählich auf 60 Atemzüge gesteigert werden.

Anuloma Viloma (Wechselatmung)

Anuloma Viloma stellt einen gleichmäßigen Atemfluss her. Bei dieser wechselseitigen Nasenatmung atmet man durch ein Nasenloch ein, nach Atemanhalten durch das andere aus – und zwar im Verhältnis 2 : 8 : 4. Ein gesunder Mensch atmet etwa eine Stunde fünfzig Minuten durch das linke Nasenloch (Ida), dann die gleiche Zeit durch das rechte (Pingala). Anuloma Viloma stellt diesen oftmals gestörten Rhythmus wieder her.

Eine Runde Anuloma Viloma:
Durch das linke Nasenloch einatmen, indem man das rechte mit dem Daumen ver-

Atemtechniken 39

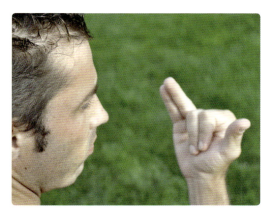

Fingerhaltung für Vishnu Mudra.

Vishnu Mudra: In Anuloma Viloma wendet man das Vishnu Mudra an, indem man mit der rechten Hand die Nasenlöcher abwechselnd verschließt. Der rechte Daumen verschließt das rechte Nasenloch, Ringfinger und kleiner Finger verschließen das linke.

Wechselatmung.

Uddiyana Bandha (Unterdruckverschluss)

schließt (Vishnu Mudra, siehe weiter unten).

Der Atem wird angehalten, beide Nasenlöcher verschlossen.

Durch das rechte Nasenloch ausatmen, Ringfinger und kleiner Finger verschließen das linke Nasenloch.

Durch das rechte Nasenloch einatmen, linkes geschlossen halten.

Atem anhalten, beide Nasenlöcher schließen.

Ausatmen durch das linke Nasenloch, rechtes mit dem Daumen verschließen.

Man beginnt mit 10 Runden und baut auf 20 Runden aus.

Diese Atemtechnik trainiert das Zwerchfell. Sie macht es flexibler und gleichzeitig muskulöser und dies wirkt sich vor allem beim Tieftauchen positiv aus.

Bei dieser Übung wird das Zwerchfell vom Unterbauch aus in den Brustraum gehoben und zieht dabei die unteren Organe nach oben und nach hinten auf die Wirbelsäule.

Es handelt sich um eine relativ schwierige Atemübung und deshalb sollte man hier keine Selbstversuche machen, sondern sich diese Übung von einem Yoga-Lehrer bzw. einem Freitaucher, der diese Übung beherrscht, zeigen lassen, um Fehler zu korrigieren. Diese Übung können Sie entweder im Sitzen oder Stehen praktizieren.

1. Stellen Sie sich gerade hin. Der Abstand zwischen den Füßen sollte etwa 30 cm betragen.
2. Neigen Sie sich mit gebeugten Knien ein wenig nach vorn, spreizen Ihre Finger, und packen mit den Händen die Schenkel in der Mitte.
3. Winkeln Sie die Arme leicht im Ellbogen an und führen das Kinn zum Hals.
4. Atmen Sie tief ein und dann schnell aus, sodass die Luft auf einmal aus den Lungen gestoßen wird.
5. Halten Sie nun den Atem an, ohne Luft zu holen. Ziehen Sie den gesamten Bauchbereich nach hinten zur Wirbelsäule und heben ihn an. Lassen Sie während der Übung nie die Brust fallen.
6. Halten Sie den Bauch so, lösen die Hände von den Schenkeln und legen sie etwas höher um den Beckengürtel, sodass Sie den Bauch noch mehr zusammenziehen können.
7. Strecken Sie den Rücken, ohne den Halt im Bauch zu verlieren oder das Kinn zu heben.
8. Bewahren Sie diesen Halt, so lange Sie können (zwischen 10 und 15 Sekunden).
9. Entspannen Sie nun zuerst die Bauchmuskeln, ohne das Kinn und den Kopf zu bewegen. Wenn diese sich bewegen, so ist sofort ein Druck in der Herzgegend und in den Schläfen spürbar.
10. Lassen Sie den Bauch in seine normale Form zurückkehren. Dann atmen Sie langsam ein. Während der Schritte 5 bis 9 dürfen Sie nicht einatmen!
11. Atmen Sie ein paar Mal und wiederholen den Zyklus.

Buccal Pumping (Karpfen)

Beim Buccal Pumping (Packing) wird nach vollständiger Einatmung weitere Luft in die Lungen »gepackt«. Man nimmt, nachdem die Lunge mit Luft voll gefüllt ist, Luft in den Rachenraum und schluckt bzw. presst diese in die Lunge. Der Freitaucher sieht dabei wie ein Karpfen aus, der nach Luft schnappt. Einige wenige Top-Taucher schaffen es, bis zu 4 Liter nachzudrücken.

99 % aller Ärzte schreien auf, wenn sie von

Unterdruckverschluss.

dieser Technik hören, da es für die Lunge nicht ganz ungefährlich ist. Daher ist diese Technik mit Vorsicht zu genießen und sollte nicht ohne eine gründliche Erklärung eines erfahrenen Tauchers durchgeführt werden. Die Lunge wird überbeansprucht und gedehnt, hier kann es bei unerfahrenen Freitauchern sofort zu Lungenschäden kommen. Die Medizin geht bei geübten Tauchern von Langzeitschäden aus.

Die stark vergrößerte Lunge drückt zudem auf die Aorta, sodass der Blutdruck steigt. Des Weiteren möchte ich noch darauf hinweisen, dass die Technik des Packens das Blackoutrisiko erheblich erhöht!

Durch diese Atemtechniken werden sich nicht nur die Freitauchergebnisse verbessern, sondern sie können auch im Alltag und Berufsleben helfen. Man kann Angst zum Beispiel wegatmen, und auch die Konzentrationsfähigkeit lässt sich durch die richtige Atmung erhöhen.

Wichtig bei den Atemübungen: eine aufrechte Sitzhaltung.

Die Lunge

Im Zusammenhang mit der Lungenfunktion hört man häufig folgende Begriffe: Residualvolumen, Vitalkapazität und Totalkapazität. Diese Werte werden auch bei einer Tauchtauglichkeitsuntersuchung festgestellt.

Residualvolumen
So heißt das Luftvolumen, das selbst nach einer tiefen Ausatmung noch in der Lunge zurückbleibt. Gut trainierte Freitaucher können durch die Beweglichkeit des Brustkorbes das Residualvolumen nochmals verkleinern.

Vitalkapazität
Unter Vitalkapazität wird die maximale Luftmenge verstanden, die nach einem Atemzug wieder ausgeatmet werden kann.

Totalkapazität
So nennt man das Luftvolumen, das sich nach maximaler Einatmung insgesamt in der Lunge befindet. Die Totalkapazität setzt sich aus dem Residualvolumen und der Vitalkapazität zusammen.

6 Entspannungstechniken

Reinhold Messner hat einmal über Motivation folgenden Satz gesagt: »Mentale Stärke ist wichtiger als rohe Kraft, bei Grenzgängern zählt der Wille«. Wer verbissen die Luft anhält, dabei die ganze Zeit auf den Sekundenzeiger starrt und bemerkt, wie langsam die Zeit vergeht, wird sich beim Freitauchen sehr schwer tun.

Das Wichtigste beim Freitauchen ist die Entspannung – wenn jemand verkrampft und angsterfüllt abtauchen möchte, wird er sicher nicht weit kommen. Diese Entspannung erreicht man nicht durch Hyperventilieren, sondern durch gezielte Atemtechniken und autogenes Training.

Nachfolgend zeige ich Ihnen verschiedene Möglichkeiten, sich zu entspannen:

1. Check der eigenen Körperteile: Im abgetauchten Zustand stellen Sie sich Ihren Körper in einer dunklen Farbe vor. Jetzt beginnen Sie, jede einzelne Körperpartie zu überprüfen. Sind meine Zehen entspannt? Sind diese entspannt, bekommen sie eine helle Farbe. Jetzt beginnen Sie, die helle Farbe von unten nach oben zu schieben. Das lenkt Sie mental ab und entspannt den ganzen Körper.
2. Konzentration auf Geräusche: Auch unter Wasser nimmt man Geräusche wahr. Konzentrieren Sie sich auf diese und versuchen Sie, die Geräusche zu lokalisieren und zu beschreiben. Dadurch sind Sie zeitlich abgelenkt.

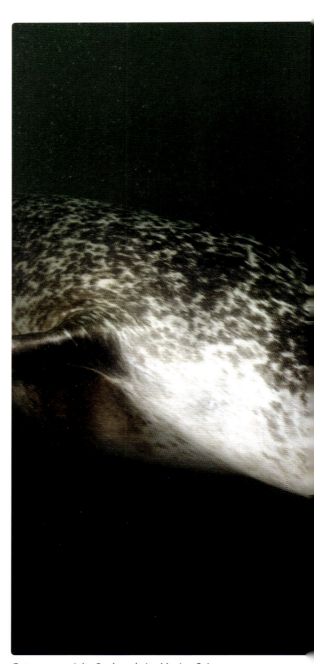

Ostsee, verspielte Seehunde im Marine Science Center Rostock.

Entspannungstechniken 43

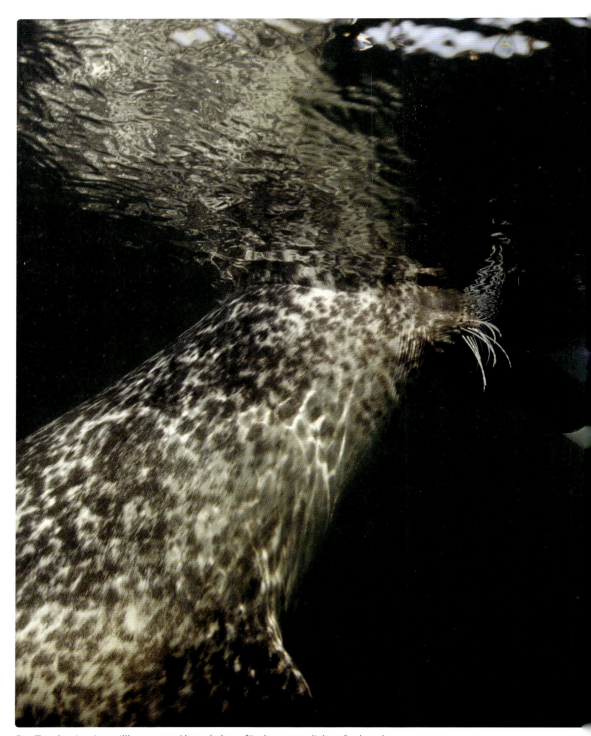
Der Taucher ist eine willkommene Abwechslung für den zutraulichen Seehund.

Entspannungstechniken | 45

3. Schwarzes Bild: Wenn Sie die Augen schließen, haben Sie ein schwarzes Bild vor Augen. Beginnen Sie dieses Bild auszumalen. Stellen Sie sich einen angenehmen Ort vor. Lassen Sie sich »im Wasser fallen« – lernen Sie Probleme vergessen und Träume und Phantasien zu realisieren.

4. Kontaktpunkte: Sie liegen zum Beispiel am Grund des Schwimmbeckens und haben mit den Füßen und Händen Kontakt zum Boden. Jetzt konzentrieren Sie sich nur auf den linken Fuß. Sie bekommen langsam das Gefühl, dass das ganze Körpergewicht nur auf dem linken Fuß zu spüren ist. Die restlichen

Das scheint ihm zu gefallen.

Entspannungstechniken

Kontaktpunkte sind entlastet. Nach und nach wechselt man die Kontaktpunkte und entspannt so den ganzen Körper.

5. Puls: Versuchen Sie, den Puls zu fühlen, um diesen in späterer Folge zu kontrollieren. Mit zunehmender Entspannung wird Ihr Puls sinken – Sie entspannen dabei komplett und lernen abzuschalten.

Wichtig ist, positive Gedanken verbrauchen weniger Sauerstoff als negative. Durch die Entspannung verbraucht der Körper weniger Energie. Des Weiteren hilft die Entspannung zum Beispiel auch beim Druckausgleich. Wenn man im verkrampften Zustand tief taucht, wird der Druckausgleich erschwert. Speziell der Nackenbereich ist hier besonders wichtig.

Jeder Mensch kann sich anders entspannen, manche sind eher visuelle Typen, andere wiederum können damit gar nichts anfangen. Probieren Sie einfach alle Möglichkeiten aus, während eines Tauchgangs sollten Sie eine Entspannungstechnik bis zum Ende versuchen, gelingt es nicht, war es vielleicht nicht die richtige für Sie. Sie dürfen sie nur nicht mischen, sonst finden Sie nie heraus, welche zu Ihnen passt. Haben Sie die für Sie richtige Technik entdeckt, dann können Sie mit dieser weiter trainieren und sie verfeinern.

7 Zeittauchen

Zeittauchen oder statische Apnoe bedeutet einfach, solange wie möglich die Luft anzuhalten. Das Ganze passiert meistens im Schwimmbad, man liegt entspannt an der Wasseroberfläche und hält den Kopf unter Wasser. Kennen Sie das? Genau, als Kind haben das die meisten von uns ständig ausprobiert. Damals wollte man schauen, wer länger die Luft anhalten und im Bad weiter tauchen konnte. Damals sind wir aufgetaucht, weil der Atemreiz gekommen ist.

Als Freitaucher lernt man mit dem Atemreiz umzugehen und ihn sogar hinauszuzögern. Deshalb sollte man das Zeittauchen immer zu zweit machen (siehe Kapitel Sicherheit).

Das Wichtigste beim Zeittauchen ist die Atmung im Vorfeld und die Entspannung während des Tauchens. Es gibt im Prinzip 2 Möglichkeiten bei der Atmung: entweder ich atme nur 70–75 % ein oder ich fülle die Lunge komplett mit Luft. Für die erste Variante spricht, dass bei einer Vollatmung mein Puls sehr hoch ist und dadurch ein Entspannen erschwert wird, des Weiteren spürt man einen Druck am Brustkorb. Dafür hat man bei einer Vollatmung mehr Sauerstoff im Körper.

Am einfachsten bereiten Sie sich vor, wenn Sie mit dem Rücken im Wasser liegen. Durch den Neoprenanzug liegen Sie dabei ganz entspannt an der Wasseroberfläche. Einen solchen Anzug würde ich immer empfehlen, da man sich ja beim Zeittauchen kaum

bewegt und deshalb der Körper relativ rasch auskühlt. Während der Atmung sollten Sie sich schon überlegen, wie Sie sich entspannen möchten, sich eine Art Strategie zurechtlegen, und nach dem letzten Atemzug greifen Sie mit einer Hand zur gegenüberliegenden Schulter und drehen sich automatisch ins Wasser.

Sind Sie erst einmal abgetaucht, sollten Sie versuchen sich abzulenken. Jeder kennt das Gefühl, dass manchmal die Zeit wie im Flug vergeht, wenn man abgelenkt ist. Es gibt nichts Schlimmeres als den ständigen Blick auf den viel zu langsam vorrückenden Sekundenzeiger.

Der Partner sollte am besten seine Hand einem auf den Rücken legen, damit man nicht durch das Becken treibt und eventuell andere Freitaucher oder Schwimmer stört. Der Partner ist auch für die Sicherheit verantwortlich.

Es gibt 2 Phasen beim Zeittauchen:

1. Phase

In dieser Phase ist man ganz entspannt, man hat noch kein Bedürfnis zu atmen, meistens sind die Augen geschlossen und man versucht sich zu entspannen (Entspannungstechniken). Irgendwann beginnt der Atemreiz, dieser Reiz zeigt sich bei den meisten als eine Verkrampfung des Zwerchfells (Kontraktionen). Hier beginnt die nächste Phase.

Zeittauchen 49

Freitauchen im Roten Meer.

Zeittauchen 51

2. Phase

Jetzt ist die Entspannung noch einmal sehr wichtig, allerdings sind die Entspannungstechniken kaum anwendbar, da man gegen sich selbst und den Schmerz der Kontraktionen ankämpft. Dieser Teil des Zeittauchens ist meistens auch eine Frage der Motivation. Am besten versucht man sich abzulenken, indem man mit den Fingern spielt (man berührt die Fingerspitzen).

Idealerweise liegen Sie ganz nah beim Beckenrand und wenn Sie das Gefühl haben, es geht nicht mehr, greifen Sie zum Beckenrand und halten sich fest, auf keinen Fall vorher. Denn wenn man sich die ganze Zeit am Beckenrand festhält, ist der gesamte Schulter- und Nackenbereich verspannt und hier sitzt das Atemzentrum. Sie können sich dann, wenn das Wasser tief genug ist, auch noch zusätzlich hinstellen. Jetzt brauchen Sie anschließend nur noch den Kopf ein paar Zentimeter heben und können sofort atmen.

Wichtig dabei ist: am Ende eines Tauchgangs nicht ausatmen. Sonst erhöht sich die Gefahr eines Blackouts an der Oberfläche.

Falls Sie das Bedürfnis haben, Luft ablassen zu müssen, dann zeigen Sie das vorher Ihrem Sicherungspartner an. Denn bei einer Bewusstlosigkeit lässt man unkontrolliert Luft ab.

Ob man eine Taucherbrille aufsetzt oder nicht, ist Geschmacksache. Ohne Maske sind Wangen und die Nasenregion im Wasser und somit nass, denn hier sitzen Rezeptoren, die den sogenannten Tauchreflex auslösen. Sie sollten in diesem Fall eine Schwimmbrille und eine Nasenklammer verwenden.

Zeittauchen 53

Walhai – eine Begegnung der besonderen Art.

54

Reicht es für einen neuen Tauchrekord?

Zeittauchen 55

Ein prächtiger Anblick unter Wasser. Dafür lohnt sich das Tauchen in die Tiefe.

Zeittauchen 57

Zurück zur Oberfläche.

Zeittauchen 59

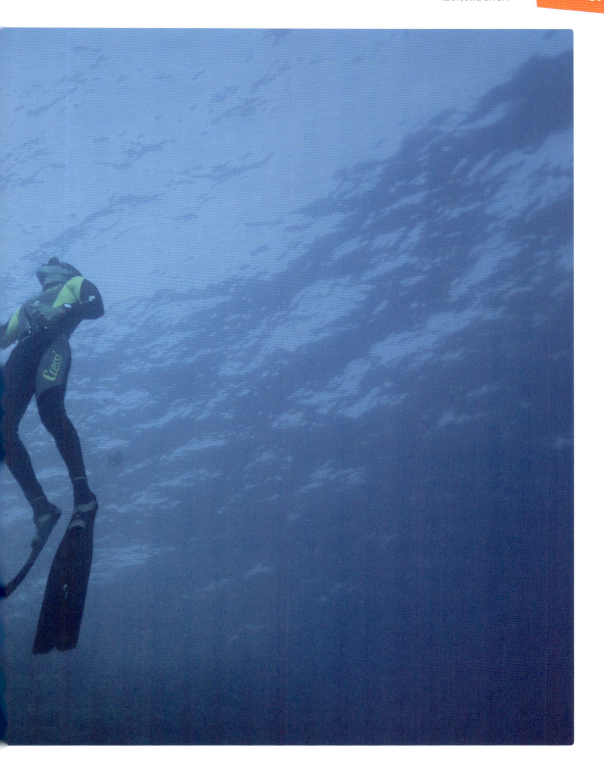

Eine mächtige Steilwand im Roten Meer.

Zeittauchen 61

8 Streckentauchen

Man könnte meinen, dass jeder Taucher den richtigen Flossenschlag beherrscht, doch es gibt dabei sehr viele Fehlerquellen.

Zuallererst ist es wichtig, beim Flossenschlag den richtigen Mittelweg zu finden – und zwar den zwischen kräftigen, schnellen Bewegungen und der Notwendigkeit, Luft zu sparen. Wichtig dabei ist, dass der Flossenschlag einen regelmäßigen Rhythmus hat und nicht zu schnell sein sollte. Darüber hinaus sollte er aus der Hüfte erfolgen und nicht aus dem Kniebereich. Der Dreh- und Angelpunkt ist dabei der Knöchel, wobei das Knie so wenig als möglich bewegt (beziehungsweise gebeugt) werden sollte.

Häufige Fehler beim Flossenschlag

Beugen des Knies:
Dieser Fehler tritt häufig entweder durch eine generelle Ermüdung oder aber wegen falscher Beinarbeit auf. Dadurch können sich jedoch die Flossen nicht ideal biegen und somit auch nicht den idealen Vorwärtsschub gewährleisten.

Zu kurzer und zu schneller Flossenschlag:
Hierbei handelt es sich um einen typischen Fehler von Anfängern, oft bedingt durch zu weiche Flossen in der Kombination mit der Meinung, dass je schneller man schwimmt, man umso schneller auch wieder auftauchen und atmen könne.

Zu hartes Flossenblatt:
Natürlich ist der Vortrieb durch ein härteres Flossenblatt besser, allerdings muss der Freitaucher auch die für die Handhabung eines solchen Flossenblattes notwendige Kondition mitbringen. Falls dies nicht der Fall ist, kommt es sehr schnell zu Ermüdungserscheinungen und damit verbunden wiederum zu einem falschen Flossenschlag. Man beginnt wieder aus den Knien zu schlagen, um den Kräfteverbrauch zu reduzieren.

Streckentauchen

Ein Taucher mit Monoflosse.

Drehen des Oberkörpers/ Schultern:

Durch das Schaukeln des Oberkörpers können die Flossen sehr leicht verkanten und die Flossenspitzen schlagen gegeneinander.

Verkanten der Fußknöchel:

Durch das Drücken der Flossenblätter nach innen meint man, der Vortrieb wäre leichter, weil der Druck auf die Flossen geringer ist. Dieser vermeintliche Vorteil geht jedoch auf Kosten des Vortriebs und führt in Folge dazu, dass die Flossenspitzen gegeneinander schlagen – speziell bei langen Freitauchflossen ist dies sehr leicht möglich.

Die Qual der Flossenwahl

Wichtig bei der Wahl der eigenen Flossen sollte immer der individuelle Trainingsstand sein. Hält man sich an diese Devise, können Fehler leichter vermieden werden. Als bestes Mittel zur Wahl der für Sie selbst geeigneten Flossen empfiehlt sich die Kombination aus Empfehlungen der Trainingspartner bzw. Freunde sowie der Beratung durch den Verkäufer im Tauchgeschäft Ihres Vertrauens. Tipp: Je größer die Flossenauswahl im Geschäft ist, desto leichter fällt es, die für einen selbst idealen Flossen zu finden. Sollte die Möglichkeit vorhanden sein, die Flossen im Vorfeld des Kaufes bereits im Schwimmbad zu testen, empfehle ich, dies unbedingt wahrzunehmen.

Hat man nunmehr seine optimalen Flossen gefunden, werden wohl viele am

Freitauchen Interessierte auch ihre Fähigkeiten beim Tieftauchen ausprobieren wollen. In unseren Breiten ist das Tieftauchtraining jedoch nicht immer einfach, fehlt es doch zumeist an nahe gelegenen Seen, die tief genug sind. Hier kann jedoch das Hallenbad eine gute Alternative bieten: die Bewegungsabläufe beim Streckentauchen sind die gleichen wie beim Tieftauchen.

Sollte ein Unterwasserfilmer im Freundeskreis sein, empfiehlt es sich auch, diesen ins Schwimmbad mitzunehmen. Unterwasser-Videoaufnahmen sind eine ausgezeichnete Möglichkeit zur Fehlererkennung: nach dem Training sollten sie analysiert und studiert werden.

Vorteil der Monoflosse

Bei einer Monoflosse muss man den Delfinbeinschlag anwenden, diesen Schlag kann man selbstverständlich auch mit Stereoflossen ausführen. Der Vorteil liegt darin, dass man hier mehrere Muskelgruppen für die Fortbewegung unter Wasser benutzt und durch das größere Blatt mehr Wasser verdrängt wird. Dadurch kann man schneller schwimmen.

Wichtig dabei ist die Haltung, meistens wird der Oberkörper zu stark mit in die Bewegung eingebaut, dadurch erhöht sich aber massiv der Wasserwiderstand. Dieser wirkt sich wiederum negativ auf den Sauerstoffverbrauch aus.

Am einfachsten ist das Streckentauchen im Hallenbad ohne Taucheranzug, dieser hat einen sehr hohen Auftrieb und muss

Streckentauchen

deshalb mit Blei ausgeglichen werden. Gerätetauchflossen mit Füßlingen sind ungeeignet, durch die Füßlinge haben Sie hohen Auftrieb in den Füßen und Ihre Schwimmlage verschlechtert sich drastisch.

Im Unterschied zum Zeittauchen können Sie beim Streckentauchen oder der dynamischen Apnoe Ihre Lunge komplett füllen.

Nach dem Abtauchen presst der Wasserdruck Ihre Lunge zusammen und der Druck auf den Brustkorb stellt sich sofort ein.

Gleich zu Beginn sollten Sie bis knapp über den Grund abtauchen. Wenn Sie an der Oberfläche versuchen zu tauchen, werden Sie nicht weit kommen, da Sie mehr Kraft für den Vortrieb benötigen und so

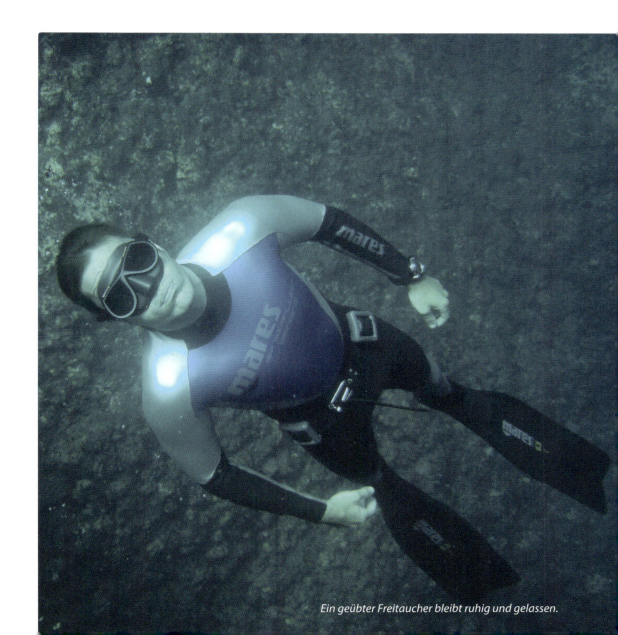

Ein geübter Freitaucher bleibt ruhig und gelassen.

mehr Luftmoleküle verteilen, als Wasser verdrängen.

Sind Sie nun abgetaucht, ist die Technik von Ihrem Flossenschlag entscheidend. Versuchen Sie Ihren Körper zu strecken und sich dabei zu entspannen. Die Hände sollten Sie am besten entspannt auf der Seite lassen. Auf keinen Fall am Rücken zusammenhalten. Ihr Blick sollte auch nicht ständig nach vorne gerichtet sein, sondern eher zum Boden. Machen Sie beides nicht, so ist Ihr Rücken durchgestreckt und Sie sind nicht mehr hydrodynamisch.

Können Sie die Hände entspannt vorne halten, wäre dies die hydrodynamischere Technik. Allerdings sollten Sie darauf achten, dass der Nacken und Schulterbereich entspannt ist.

Wenn Sie einen Bleigurt benötigen, weil Sie einen zu hohen Auftrieb haben, verwenden Sie diesen. Es gibt aber auch die Möglichkeit eines Nackengewichtes. Sein Vorteil: Haben Sie voll eingeatmet, besitzen Sie ja mehr Auftrieb im Oberkörper. Und hier können Sie mit dem Nackenblei gegensteuern. Wichtig ist eine gestreckte und hydrodynamische Haltung im Wasser.

Wenden im Wasser

Je nach Länge des Beckens und der getauchten Strecke muss man öfters wenden.

Mit den langen Apnoeflossen ist eine Wende nicht ganz einfach. Je nach Wassertiefe gibt es verschiedene Möglichkeiten.

Die einfachste ist die seitliche Wende. Man schwimmt auf die Wand zu und dreht sich gewissermaßen in U-Form um. Mit einer Hand kann man sich am Boden abstützen, um nicht die Höhe zu verlieren. Mit der anderen Hand leitet man das Manöver ein. Die Drehung erfolgt aus der Schulter.

Eine Rollwende wie beim Kraulschwimmen ist nicht ganz einfach, da man sich mit den langen Flossen sehr schwer abstoßen kann. Bei der sogenannten Rollwende, diese macht man eher, wenn das Becken tiefer ist, dreht man sich kurz vor der Wende auf den Rücken, dreht dann über den Bauch und wenn man sich anschließend wieder in der korrekten Richtung befindet, stößt man sich ab.

Am Ende von einem Streckentauchgang verleitet das klare Wasser und die scheinbar kurzen Distanzen dazu, noch einmal schneller zu schwimmen. Das kann aber zu einer möglichen Bewusstlosigkeit führen. Am Ende hat man ja bei allen Tauchgängen weniger Sauerstoff zur Verfügung. Hier wäre es wichtig, sich auf die Technik zu konzentrieren und zu versuchen die Geschwindigkeit beizubehalten. Als Richtwert lässt sich angeben, dass man einen Meter pro Sekunde tauchen sollte.

Tauchen durch einen engen Höhlengang. ▸

Streckentauchen

Streckentauchen

Wenden im Schwimmbecken.

Wenden im See.

Streckentauchen 71

9 Tieftauchen

Die richtige Bleimenge ist äußerst wichtig beim Tieftauchen – um nicht zu sagen lebenswichtig. Dabei sollte man immer so tariert sein, dass man zwischen dem 10-Meterbereich und der Wasseroberfläche positiven Auftrieb hat. Die Gefahr einer Bewusstlosigkeit ist beim Auftauchen auf den letzten Metern am höchsten. Ist man überbleit, kann man zwar leichter in die Tiefe gelangen, tut sich aber umso schwerer beim Auftauchen – und genau hier liegt die Gefahr: man benötigt einen großen Kraftaufwand, um wieder auftauchen zu können, hat aber zu diesem Zeitpunkt nur noch geringe Sauerstoffreserven übrig.

Es gibt zwei Möglichkeiten, sich auf einen Tieftauchgang vorzubereiten:

Erstens kann man durch den Schnorchel atmen. Vorteil: Sie liegen auf dem Bauch, sind völlig entspannt, schauen in die Tiefe und können relativ leicht abtauchen. Nachteil: Sie bekommen über den Schnorchel weniger Luft.

Bei der zweiten Variante liegt man auf dem Rücken. Vorteil: Ein unbehindertes Atmen ist möglich. Nachteil: Man muss sich erst umdrehen, um anschließend abtauchen zu können. Beim letzten Atemzug sollten Sie durch die Nase ausatmen (dadurch wird der Druck in der Maske an der Oberfläche ausgeglichen). An dieser Stelle können Sie auch schon den ersten Druckausgleich durchführen. Durch den Überdruck im Ohr hat man etwas mehr Zeit für den ersten Druckausgleich unter Wasser und die Hände sind frei für das erste Armtempo. Atmen Sie voll ein, je mehr Luft Sie mit in die Tiefe nehmen, desto tiefer können Sie tauchen.

Das Abtauchmanöver ist das Wichtigste. Hier werden die meisten Fehler gemacht und der meiste Sauerstoff verschenkt. Man liegt ganz flach im Wasser, knickt in der Hüfte ab und schiebt den Oberkörper senkrecht in die Tiefe. Gleichzeitig werden die Beine mit den Flossen senkrecht aus dem Wasser gestreckt. Wichtig dabei ist, dass Sie erst mit dem Flossenschlag beginnen, wenn die Flossen komplett unter Wasser sind. Zu früh mit dem Flossenschlag zu beginnen ist einer der häufigsten Fehler. Weitere sind, dass man zu viel Kraft verwendet und sich überschlägt oder dass man die Knie abwinkelt. Haben Sie Probleme mit dem Auftrieb, hilft ein kräftiger Armzug beim Abtauchen.

Am Anfang müssen Sie kräftig mit den Flossen schlagen, bis zum negativen Abtrieb – danach gleiten wir in die Tiefe und können Energie sparen. Der Flossenschlag sollte aus der Hüfte kommen und nicht aus den Knien. Versuchen Sie Ihren Körper zu strecken, dadurch sind Sie hydrodynamischer, der Blick sollte zum Seil gerichtet sein. Ist der Blick in die Tiefe gerichtet, fällt der Druckausgleich schwerer.

Benötigen Sie eine Hand für den Druckausgleich, sollte diese immer bei der Nase

Tieftauchen

bleiben und der Ellbogen eng am Körper anliegen, um hier keinen Wasserwiderstand zu erzeugen. Die zweite Hand sollte nach vorne gerichtet sein. Ein weiterer Nachteil, wenn Sie nach vorne blicken: Ihr Körper ist nicht mehr gerade, sondern Sie machen ein Hohlkreuz. Tauchen Sie nicht zu nahe an der Leine. Diese sollte nur zur Orientierung dienen.

Vergessen Sie auch nie auf den Druckausgleich zu achten und den Druck in Ihrer Tauchermaske auszugleichen. Ein Ansaugeffekt und das dadurch hervorgerufene Barotrauma im Augenbereich kann so vermieden werden. Wenn Sie eine Kopfhaube verwenden, sollte diese auch unbedingt vor dem ersten Tauchgang geflutet werden. Zwischen Kopfhaube und Ohr könnte ein Ansaugeffekt entstehen und zu einem Überdruck im Trommelfell führen. Beim Abtauchen muss zudem unbedingt der Schnorchel aus dem Mund genommen werden, da sonst bei einer Ohnmacht Wasser durch den Mund in die Lunge gelangen würde.

Je entspannter Sie in die Tiefe tauchen, desto leichter wird es Ihnen fallen!

Beim Auftauchen müssen Sie in der Tiefe kräftiger in die Flossen treten, da Sie ja negativ sind. Lassen Sie Ihre Arme entspannt auf der Seite hängen und versuchen Sie auch Ihren Nacken und Ihre Schultern zu entspannen. Schwimmen Sie, bis Sie positiven Auftrieb haben, danach können Sie mit dem Flossenschlag aufhören. Der positive Auftrieb wird Sie an die Oberfläche bringen und hier können Sie Sauerstoff sparen. Schauen Sie nicht nach oben. Es könnte passieren, dass Sie sich dadurch aus der Konzentration bringen lassen und sich nicht mehr entspannen können. Außerdem kommt es so leichter zu einem Blackout. Man sollte immer seinen Sicherungstaucher im Blick haben. Seine Anwesenheit entspannt Sie und macht Sie sicher.

Nach dem Auftauchen sollte man nie kraftvoll ausatmen, denn das könnte den bereits sehr niedrigen Sauerstoffpartialdruck in der Lunge noch weiter sinken lassen und eine Ohnmacht an der Oberfläche verursachen. Kräftig einatmen!

Der Druckausgleich

Druckausgleich – ein im Prinzip einfaches Manöver, das dennoch sehr oft für Probleme sorgt. Freitaucher haben für den Druckausgleich, welcher beim Tauchen absolut unerlässlich ist, wenig Zeit und wenig Luft. Des Weiteren haben sie auch keine Chance, Probleme beim Druckausgleich schnell zu beseitigen. Beim Gerätetauchen kann man dies durch langsameres Abtauchen, bzw. ein paar Meter aufsteigen und dann erneut langsam abtauchen, beheben. Nachstehend möchte ich Ihnen deshalb einige Tipps aus der Praxis für den Druckausgleich geben.

Als wichtigste Regel sollte man zunächst einmal folgende beachten: Besser zu früh als zu spät den Druckausgleich durchführen! Beim Abtauchen muss dieser stetig durchgeführt werden – und zwar bevor man ein Stechen oder ein unangenehmes Gefühl verspürt. Stellen sich geringste Schmerzen ein, hat man den Druckausgleich nicht vollständig oder bereits zu spät durchgeführt. Schäden am Trommelfell können die Folge sein, im schlimmsten Fall kann es sogar einreißen. Am besten beginnt man sofort nach dem Abtauchen mit dem ersten Druckausgleich. Je tiefer man taucht, desto weniger oft muss er aufgrund des geringeren Druckunterschieds durchgeführt werden.

◀ *Falsche Ausführung des Druckausgleichs.*

Richtige Ausführung des Druckausgleichs. ▶

Tieftauchen 75

Beim Druckausgleich unterscheidet man zwei Manöver: Valsalva oder Marcante-Odaglia.

Valsalva-Manöver

Man schließt den Mund, hält mit den Fingern die Nasenflügel zu, gleichzeitig versucht man Luft durch die geschlossene Nase nach außen zu blasen. Da die Luft nicht über Nase oder Mund entweichen kann, wird sie über die Eustachische Röhre zum Trommelfell geleitet und bringt es in seine ursprüngliche Position zurück.

Marcante-Odaglia

Duilio Marcante ist der Vater des italienischen Unterwassersports, Professor Odaglia ein Experte in der Hyperbar-Medizin. Bei der von ihnen entwickelten Methode wird durch die Zunge auf den hinteren Teil des Gaumens Druck ausgeübt und mit Bewegungen der Kinnlade und der Muskeln der Druckausgleich durchgeführt. Der Vorteil dieser Technik liegt darin, dass man beide Hände nach vorne richten kann. Darüber hinaus ist diese Technik »sanfter« für das Trommelfell und man braucht weniger Luft. Diese Technik fordert allerdings gewisse körperliche Voraussetzungen und man darf nicht die geringsten Anzeichen einer Verkühlung haben.

Meine Empfehlung lautet: Tauchen Sie niemals mit einer Verkühlung – es könnte eine Reverse Blockade (Umkehrblockierung)

◀ *Stereoflossen vs. Monoflosse.*

zur Folge haben. Das bedeutet, dass die Luft beim Auftauchen nicht so schnell entweichen kann und Druck auf die Stirnhöhlen ausübt. Sie können dieses Problem durch langsames Auftauchen beheben. Beim Freitauchen muss dies jedoch eher schnell passieren, denn wir haben ja das Bedürfnis zu atmen.

Probleme mit dem Druck

Wie ist das denn nun eigentlich mit dem Druck? Alle 10 Meter nimmt der Druck um 1 bar zu, an der Oberfläche herrscht ebenfalls rund 1 bar (Luft-)Druck. Somit ergibt sich auf 50 Meter ein Umgebungsdruck von 6 bar: 5 bar Wasserdruck und 1 bar Luftdruck. Die Lunge wird dabei auf die Größe einer Faust zusammengepresst. Damit die Lunge nicht kollabieren kann, wird Gewebsflüssigkeit in die Lunge gepumpt, dies nennt man Bloodshift und hat wenig mit »echtem« Blut zu tun. Da der Druckunterschied mit der Tiefe abnimmt, braucht man auch seltener den Druckausgleich durchzuführen.

Durch das geringere Lungenvolumen fällt der Druckausgleich aber etwas schwerer. Beim Abtauchen entsteht auch in der Tauchermaske ein Unterdruck, welcher durch leichtes Ausatmen durch die Nase behoben werden kann. Freitaucher verwenden Tauchermasken mit einem sehr geringen Innenvolumen. Bei ihren Weltrekordversuchen tauchen einige sogar gänzlich ohne Maske und verwenden stattdessen spezielle Kontaktlinsen.

Tieftauchen nach einem Wrack vor Zypern.

Tieftauchen

10 Training

Training speziell für Zeit-, Strecken- und Tieftauchen

Wenn Sie sich physisch und/oder psychisch nicht wohl fühlen, sollten Sie auf keinen Fall Freitauchgänge durchführen. Des Weiteren vertragen sich Tauchen und Alkohol überhaupt nicht! Viele Top-Freitaucher sind zwar der Meinung, dass die Leistung beim Freitauchen zu 80 % im Kopf entsteht, dennoch ist auch eine gewisse körperliche Fitness von großer Bedeutung. Hierbei steht das Ausdauertraining im Vordergrund. Schwimmen, Joggen oder der Hometrainer sind ausgezeichnete Trainingsmethoden. Wenn Sie Gewichte stemmen wollen, dann verwenden Sie eine geringe Gewichtsanzahl und machen dafür mehr Wiederholungen (ca. 10 % vom max. Gewicht, 50–55 schnelle Wiederholungen, kurze Pause und das Ganze 3-mal wiederholen).

Nach einer Weile kann man auch die Übungen unter Apnoe machen. Fitness hilft nicht nur im Notfall, sondern auch beim Tauchen selbst. Ein trainierter Sportler hat einen geringeren Ruhepuls, wodurch er weniger Sauerstoff verbraucht. Konditionsstarke Freitaucher können des Weiteren ausgedehntere Tauchgänge bewältigen.

Bevor ich mit dem speziellen Training beginne, möchte ich Sie auf ein paar wichtige Punkte beim Ausdauertraining hinweisen.

Konsequenz und stufenweise Steigerung sind die Schlüsselwörter im Training. Im Prinzip unterscheidet man aerobes und anaerobes Training. Mit dem aeroben Training erhöhen Sie die roten Blutkörperchen, das Hämoglobin steigt, die Herzfrequenz sinkt und der Herzkreislauf verbessert sich. Beim anaeroben Training erhöhen Sie die Toleranz von Laktat, das sich zum Beispiel nach schnellen Flossenschlägen in den Muskeln bildet. Alle Übungen sollten steigernd gemacht werden, sodass sich das Herz an die vermehrte Anstrengung gewöhnen kann.

Am Anfang und Ende eines jeden Trainings sollte Dehnen und Stretchen auf dem Programm stehen, damit die Muskeln ihre Elastizität beibehalten. Grundlagenausdauer ist die Voraussetzung für jeden Sport. Zu Beginn langsam, dann häufiger und länger, und erst zum Schluss wird die Intensität gesteigert. Um diese zu ermitteln, können Sie sich entweder im Fitnessstudio oder bei einer Sportordination einen Trainingsplan erstellen lassen.

Erst dann beginnt man mit dem spezifischen Training, um den Körper an Hypoxie und Acidose zu gewöhnen. Deshalb ist es wichtig das Training zu planen, um zur richtigen Zeit in Höchstform zu sein, zum Beispiel im Sommer zur Urlaubszeit beziehungsweise bei einem Wettkampf.

Man kann diese Höchstform nie über einen längeren Zeitraum aufrecht erhalten.

Training 81

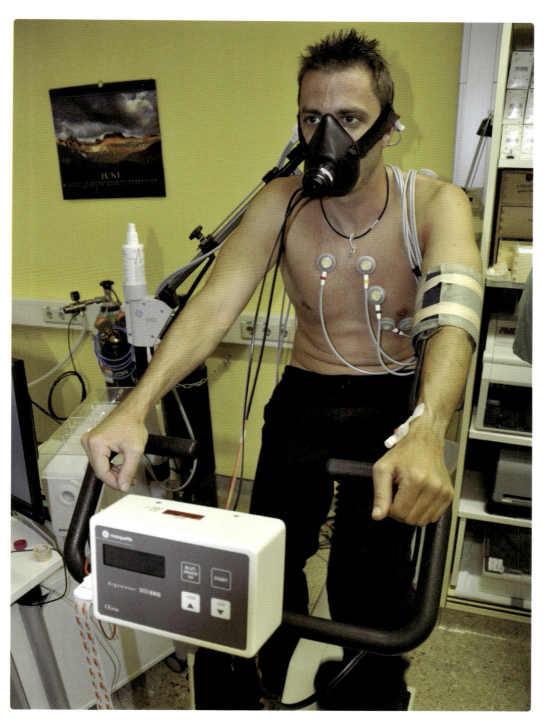

Überprüfung des Trainingszustandes.

Der Körper braucht auch Erholung, und das ebenso während des Trainings, da es sonst zu einem Übertraining und infolgedessen zu einem Leistungsabfall kommt. Durch optimal gesetzte Reize nach der Regeneration können Sie die Leistungsfähigkeit verbessern. Besser und leistungsfähiger werden Sie durch Regeneration im Training.

Stretching/Dehnübungen

Wichtig beim Stretching:
- Die Muskeln sollten aufgewärmt sein (Aufwärmübungen, Laufen usw.).
- Der Geist sollte entspannt sein.
- Bei den Dehnübungen normal weiteratmen, mit einem bewussten Ausatmen die maximale Dehnstellung beenden.
- Die Muskeln und Sehnen beider Körperseiten sollten immer gleich gut und gleich lang gedehnt werden.
- Nach einer Übung immer in die Ausgangsposition zurückkehren.
- Jede Seite zwei- bis dreimal dehnen.

Vermeiden Sie:
- In übermüdetem Zustand die Dehnübungen auszuführen.
- Beim Dehnen nachzuwippen.
- Die Dehnübungen zu übertreiben (an Intensität, Dauer und bezüglich der Anzahl an Wiederholungen).

Stretching ist wichtig vor dem Training, um Verletzungen vorzubeugen, und nach dem Training, um verkürzte Muskeln wieder zu dehnen sowie um sich schneller zu regenerieren.

Beim Freitauchen ist die Elastizität des Körpers extrem wichtig, speziell beim Tauchen mit Monoflossen, aber auch zum Beispiel beim Tieftauchen. Je mehr man sich durchstreckt, desto hydrodynamischer ist man im Wasser.

Spezielles Training

1. Statisch
2. Dynamisch
3. Konstant

Beim speziellen Training für die einzelnen Disziplinen gibt es wichtige Regeln:

1. **Tauchen Sie niemals alleine.**
2. Immer aufwärmen, bevor man einen maximalen Versuch anstrebt.
3. Gehen Sie im Training nicht so oft an Ihre maximale Grenze.
4. Alles notieren: Zeit, Tiefe, Strecke und vor allem auch etwaige Probleme, wie zum Bespiel Temperatur, Strömung, Sicht, Ausrüstung, Stress, Körpertraining.

Statik

Beginnen Sie mit dem Zeittauchen. Beim Aufwärmen könnten Sie eine Serie von 2 bis 3 Versuchen durchführen (zum Beispiel eine Serie mit 1 Minute, 2 Minuten, 3 Minuten; alternativ könnten Sie den ersten Versuch bis zum Atemreiz, den zweiten Versuch leicht über den Atemreiz hinaus ausdehnen).

Als ideale Trainingshilfen haben sich spezielle Trainingstabellen erwiesen. Diese Trainingstabellen wurden von der Apnea Academy erstellt und jahrelang getestet.

Bei den Intervalltrainings gibt es zwei Möglichkeiten: Man kann mit einem O_2-Mangel oder einem CO_2-Anstieg trainieren. Um die Tabellen individuell zu erstellen, müssen Sie zu Beginn einen Maximalversuch durchführen. Dieser Wert ist unser Ausgangspunkt. Jetzt nehmen Sie ca. 40 % dieser Zeit und tragen diese in die Tabelle ein*. Die Zeit unter Wasser bleibt bei dieser Tabelle immer gleich. Dafür wird aber die Atempause zwischen den Tauchversuchen verkürzt. Sie sollten beim 5. bis 6. Versuch merken, dass die Atempause benötigt wird und nicht anders genutzt werden kann.

Falls Sie die ganze Tabelle locker schaffen, sollten Sie die Regenerationspausen verkürzen, also anstelle von 3 Minuten mit beispielsweise 2 Minuten 30 Sekunden beginnen.

Bei der zweiten Tabelle tragen Sie wieder ca. 40 % von der momentanen Maximalleistung ein. Die Tauchzeiten werden verlängert, die Pausen dazwischen bleiben allerdings gleich lange. Bei dieser Tabelle muss man aber auch den Endwert ermitteln**. Hier sollten Sie zwischen 80 und 90 % liegen. Auch hier gilt, ab dem 5., spätestens 6. Versuch sollten Sie merken, dass es Ihnen nicht mehr ganz so leicht fällt. Falls Sie die Tabelle wieder ganz locker durchschaffen, verkürzen Sie die Atempause.

Wichtig ist bei diesen Tabellen, dass man diese im Training nicht an einem Tag miteinander mischt. Wenn man zweimal in der Woche trainiert, kann man nach einem Monat die neue maximale Zeit ermitteln und eine neue Tabelle erstellen.

Tabelle A	Apnoe	Regeneration
	Gleichbleiben	Senken
1	2 min. *	3 min.
2	2 min.	2 min. 45 sec.
3	2 min.	2 min. 30 sec.
4	2 min.	2 min. 15 sec.
5	2 min.	2 min.
6	2 min.	1 min. 45 sec.
7	2 min.	1 min. 30 sec.
8	2 min.	

Tabelle B	Apnoe	Regeneration
	Erhöhen	Gleichbleiben
1	1 min. 40 sec. *	2 min.
2	1 min. 50 sec.	2 min.
3	2 min. 00 sec.	2 min.
4	2 min. 10 sec.	2 min.
5	2 min. 20 sec.	2 min.
6	2 min. 30 sec.	2 min.
7	2 min. 40 sec.	2 min.
8	2 min. 50 sec. **	2 min.

* 40 %   ** 80–90 %

Dynamik

Im Prinzip gilt das Gleiche wie beim Zeittauchen, als Erstes müssen Sie die aktuelle Maximalleistung im Streckentauchen ermitteln. Die Trainingsstrecke sollte irgendwo zwischen 60 bis 75 % betragen. Sie können sowohl die Variante mit oder diejenige ohne Flossen mit diesen Tabellen trainieren.

Fällt Ihnen diese Tabelle im Training leicht, können Sie beginnen die Pause zu senken.

Es gibt aber auch die Möglichkeit, wie beim Zeittauchen, die Strecke zu steigern und die gleichen Pausen dazwischen einzulegen.

Eine weitere Alternative wäre zum Beispiel 8 mal 50 Meter zu tauchen und alle 1 min. 15 sec. zu starten. Das bedeutet, je schneller ich tauche, desto mehr Pause habe ich, tauche ich langsamer, habe ich weniger Zeit dafür. So findet man seine eigene Idealgeschwindigkeit am besten. Diese Zeit können Sie in Schritten verkürzen. Oder Sie tauchen 8 mal 50 Meter und atmen dazwischen 1 Minute. Das Ganze lässt sich auch mit dem Schwimmen kombinieren. Sie tauchen 50 Meter und schwimmen gleich anschließend die 50 Meter an der Oberfläche zurück. Dabei starten Sie zum Beispiel alle 2 Minuten.

Eine gute Variante ist beispielsweise alle 25 Meter so schnell wie möglich zu tauchen, 20 Sekunden lang zu atmen und dann wieder zu starten. Das Ganze sollten Sie sechsmal wiederholen.

Die Geschwindigkeit ist sicher ein entscheidender Faktor beim Streckentauchen, taucht man zu schnell, verbrauchen die Muskeln zu viel Sauerstoff und die Muskula-

Tabelle C	Strecke	Regeneration
	Gleichbleiben	Senken
1	25 m	2 min.
2	25 m	1 min. 50 sec.
3	25 m	1 min. 40 sec.
4	25 m	1 min. 30 sec.
5	25 m	1 min. 20 sec.
6	25 m	1 min. 10 sec.
7	25 m	1 min.
8	25 m	

tur wird sauer, oder man schwimmt zu langsam und einem geht die Luft im wahrsten Sinne des Wortes aus.

Diese Tabellen sehen auch das Schwimmen während der Regeneration vor. Wenn diese Tabellen Ihrem Trainingszustand nicht entsprechen, können Sie auch die Distanz verkürzen (in Tabelle C z.B. 25 m statt 50 m) oder die Startzeiten erhöhen und dadurch die Pausen ebenfalls.

Selbstverständlich können Sie auch das Zeittauchen mit dem Streckentauchen kombinieren. Hierfür gibt es 4 Möglichkeiten:

I. Statik und anschließend gleich eine Strecke tauchen.

2. Streckentauchen und anschließend noch Statik.

3. Statik, anschließend eine Strecke tauchen und zum Schluss noch einmal Statik.

4. Streckentauchen, Statik und dann weiter tauchen.

Ideales Training fürs Tieftauchen – Gewichtsschlitten.

Gemeinsames Statik-Training im Pool.

Training 87

Tabelle D			
	Start	Geschwind.	Regeneration
20 x 50 m			
4 x 50 m	3 min.	1 min. 20 sec.	1 min. 40 sec.
4 x 50 m	2 min. 45 sec.	1 min. 10 sec.	1 min. 35 sec.
4 x 50 m	2 min. 30 sec.	1 min.	1 min. 30 sec.
4 x 50 m	2 min. 15 sec.	50 sec.	1 min. 25 sec.
4 x 50 m	2 min.	40 sec.	1 min. 20 sec.
Immer schneller werden!			
20 x 50 m			
8 x 50 m	1 min. 30 sec.	50 sec.	40 sec.
6 x 50 m	1 min. 30 sec.	1 min.	30 sec.
6 x 50 m	1 min. 30 sec.	1 min. 10 sec.	20 sec.
Immer langsamer werden!			

Wenn es Ihnen nicht möglich ist, Tauchequipment mit ins Bad zu nehmen, weil zum Beispiel Flossen verboten sind, gibt es eine gute Möglichkeit trotzdem zu trainieren: Man schwimmt beispielsweise 400 Meter. Bei den ersten 50 Metern atmet man alle 2 Armschläge, bei den nächsten 50 Metern atmet man alle 3 Armschläge und erhöht so die Anzahl der Armschläge ohne zu atmen.

Konstant

Beim Tieftauchtraining ist es besonders wichtig, ein paar Mal einzutauchen, um u.a. die Lunge darauf vorzubereiten. Auch hier gibt es zwei Möglichkeiten: Sie müssen wieder die maximale Tauchtiefe ermitteln und beginnen mit ca. 60 % dieser Leistung. Hier bleibt die Tiefe gleich, die Pause an der Oberfläche wird kürzer.

Oder Sie lassen die Pause an der Oberfläche gleich und vergrößern die Tiefe. Hier sollte die erste Tiefe ca. 50 % von der Maximalleistung sein.

Sie können auch beide Tabellen kombinieren.

Tabelle E	Tiefe	Regeneration
	Gleichbleiben	Senken
1	20 m	4 min.
2	20 m	3 min. 45 sec.
3	20 m	3 min. 30 sec.
4	20 m	3 min. 15 sec.
5	20 m	3min.
6	20 m	2 min. 45 sec.
7	20 m	2 min. 30 sec.
8	20 m	

Training 89

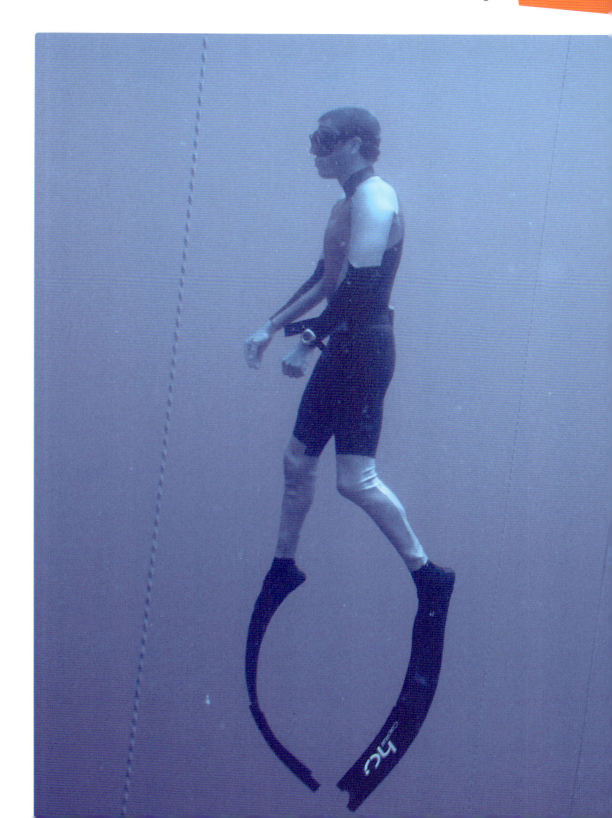

Tabelle F	Strecke	Regeneration
	Gleichbleiben	Senken
1	15 m	3 min.
2	17 m	3 min.
3	19 m	3 min.
4	21 m	3 min.
5	23 m	3 min.
6	25 m	3 min.
7	27 m	3 min.
8	29 m	

Beim Tieftauchtraining sollte man immer unter Berücksichtigung des Druckausgleiches und höherer Sicherheit trainieren. Wenn Sie also rascher auf größere Tiefen trainieren möchten, können Sie dies, indem Sie zum Beispiel auf einen Gewichtsschlitten zurückgreifen. Dafür benötigen Sie nicht unbedingt eine aufwendige Konstruktion, ein Bleigürtel mit Gewichten reicht völlig aus.

Von einem Boot oder einer Plattform aus lässt sich folgendes Training absolvieren: Meine derzeitige Maximaltiefe beträgt zum Beispiel 35 Meter und ich möchte 40 Meter tauchen, dann binde ich das eine Ende des Seiles auf dem Boot oder der Plattform fest, am anderen Ende befestige ich einen Bleigurt mit 10 kg. Ich selbst habe kein Bleigewicht an mir. Jetzt lasse ich mich mit Hilfe des Bleigurtes in die Tiefe ziehen und konzentriere mich nur auf den Druckausgleich. Sollte ich die Maximaltiefe von 40 Meter nicht erreichen, lasse ich einfach das Gewicht los. Schaffe ich es auf die 40 Meter, fällt mir der Aufstieg sehr leicht, da ich ja kein Gewicht hoch schleppen muss.

Beim nächsten Versuch nehme ich 1 kg vom Bleigurt und montiere dieses Kilo auf meinen Bleigurt. Das heißt, 10 kg ziehen mich wieder in die Tiefe, allerdings tauche ich mit einem Kilo wieder auf. Beim nächsten Versuch montiere ich das nächste Gewicht vom Bleigurt ab und auf meinen ei-

Tabelle G	Strecke	Regeneration
	Gleichbleiben	Senken
1	16 m	4 min.
2	18 m	3 min. 50 sec.
3	20 m	3 min. 40 sec.
4	22 m	3 min. 30 sec.
5	24 m	3 min. 20 sec.
6	26 m	3 min. 10 sec.
7	28 m	3 min.
8	30 m	

Tabelle H		
Runter		Rauf
10 kg	10 kg	0 kg
9 kg	8 kg	1 kg
8 kg	6 kg	2 kg
7 kg	4 kg	3 kg
6 kg	2 kg	4 kg
5 kg	1 kg	4 kg
4 kg	0 kg	4 kg

genen Bleigurt drauf. Das Ganze wiederhole ich solange, bis ich mein maximales Gewicht auf meinem Bleigurt habe. Als Beispiel: Mein Idealgewicht ist 4 kg (siehe Tabelle H).

Es gibt eine weitere Möglichkeit: Sie können folgendes Training durchführen; dafür benötigen Sie, wie immer beim Tieftauchen, ein Seil und eine Boje. Die Tiefe bleibt immer gleich und das Gewicht am Bleigurt ist Ihr Idealgewicht:

Abtauchen mit Hilfe der Arme

➡ Auftauchen mit Hilfe der Arme

Abtauchen mit Hilfe der Flossen

➡ Auftauchen mit Hilfe der Arme

Abtauchen mit Hilfe der Arme

➡ Auftauchen mit Hilfe der Flossen

Abtauchen mit Hilfe der Arme

➡ kurze Pause

➡ Auftauchen mit Hilfe der Arme

Abtauchen mit Hilfe der Flossen

➡ kurze Pause

➡ Auftauchen mit Hilfe der Arme

Abtauchen mit Hilfe der Arme

➡ kurze Pause

➡ Auftauchen mit Hilfe der Flossen

Abtauchen mit Hilfe der Flossen

➡ Auftauchen mit Hilfe der Flossen

Sicherheit: Bei allen Trainingstauchgängen muss ein Sicherungsfreitaucher anwesend sein!

92

Eine Trainingsgruppe gemeinsam im Wasser.

Training

II Mentale Aspekte beim Freitauchen

Tipps und Tricks

Ich für meinen Teil tauche aus zwei Gründen ohne Gerät, also frei. Erstens: Das Naturerlebnis ist viel intensiver und schöner als beim Gerätetauchen. Die Lebewesen unter Wasser akzeptieren Freitaucher als ihresgleichen und kommen zumeist viel näher heran als bei Gerätetauchern, so etwa auch Delfine, was für einen Freitaucher eines der schönsten Erlebnisse darstellt. Der zweite Grund liegt jedoch ganz woanders: Ich tauche ohne Gerät, weil man immer wieder an seine körperlichen und geistigen Grenzen stößt und diese verschieben kann – wobei es ja nicht immer gleich ein Weltrekord sein muss. Beim Freitauchen geht man prinzipiell an seine Grenzen und versucht diese immer weiter zu verändern. Aus diesem Grund habe ich auch begonnen, Weltrekorde aufzustellen. In diesem Kapitel möchte ich Ihnen ein paar meiner mentalen Tricks verraten.

Wichtig ist aber, dass Sie sich Notizen machen, auch zum Beispiel beim Training. Wie war die Wassertemperatur, welche Ausrüstung habe ich verwendet, wie war ich mental eingestellt, wie waren meine Gedanken während des Tauchens. All diese Dinge beeinflussen unsere Leistung beim Freitauchen. Es gibt Tage, wo man sich super fühlt und alles passt und man erreicht sehr gute Ergebnisse, doch schon am nächsten Tage könnte die Leistung um einiges schlechter sein. Da das Freitauchen sehr mental geprägt ist, gibt es sehr viele Einflussfaktoren auf die Leistung.

Ich tauche immer in Etappen, sprich ich zerlege meinen ganzen Tauchgang in Teilstücke. Wenn ich zum Beispiel eine Strecke von 100 Metern im Hallenbad zurücklegen möchte, stelle ich mir diese Strecke folgendermaßen zerlegt vor: Zunächst die ersten 25 Meter, dann die nächsten 25 Meter, hier kommen bei einem 50-Meter-Becken die Wände, dann die folgenden 25 Meter und zum Schluss die letzten 25 Meter. Warum mache ich das? 100 Meter klingt sehr weit, 25 Meter nicht. Die ersten 50 Meter sind kein Problem. Danach treten aber die ersten Anzeichen von Atemreiz oder Schmerzen in den Beinen auf. Hier können Sie sich mental helfen, indem Sie denken: nur noch 25 Meter zu tauchen, das sind eigentlich nur mehr ein paar Flossenschläge.

Wichtig ist auch, wenn Sie in einem Becken trainieren, nie am Ende einer Bahn auftauchen und aus dem Becken schauen. Stattdessen ist es ratsam, vorher noch umzudrehen; die Luft für dieses kurze Manöver haben Sie immer noch und es hilft Ihnen im Training enorm. Denn Sie stellen dabei fest,

Mentale Aspekte beim Freitauchen 95

Abtauchen zum Rekord.

für ein paar Meter mehr haben Sie noch genügend Luft, und tauchen weiter.

Wichtig für mich ist auch die Vorbereitung. Bei meinen Rekorden sind immer einige Tage vor Ort eingeplant, um eine gewisse Routine zu bekommen. Ich tauche immer zur selben Zeit, ich bereite mich immer gleich vor. Es ist wie eine Art Ritual. Am Rekordtag ist alles wie im Training, außer dass dann Zuschauer, der Schiedsrichter usw. auch anwesend sind. Dieser Umstand ermöglicht es mir, besser mit dieser Ausnahmesituation umzugehen und ruhiger zu bleiben.

Wenn ich bereits im Wasser bin und die Atemtechniken durchführe, stelle ich mir vor dem Abtauchen den ganzen Tauchgang geistig vor. Ich schließe die Augen und sehe mich an der Wasseroberfläche liegen und atmen. Dann nehme ich meinen letzten Atemzug, tauche perfekt ab und stelle mir jeden Meter vor: wie ich den Druckausgleich durchführe, wie ich den Flossenschlag mit zunehmender Tiefe verringere, ganz aufhöre, wie ich am tiefsten Punkt die Plakette abreiße und anschließend mit dem Aufstieg beginne, wie meine Muskeln zu schmerzen beginnen und ich schlussendlich auftauche und atme.

Sobald ich die Oberfläche im Geiste erreicht habe, beginnt mein tatsächlicher Tauchgang und ich versuche nun diesen perfekten Tauchgang, den ich in Gedanken bereits durchgespielt habe, in die Realität umzusetzen.

Für mich ist auch das Team sehr wichtig. Letztendlich vertraue ich meinen Sicherungstauchern, speziell meinem Sicherungsfreitaucher, und meinem Arzt bei meinen

Streckentauchen durch eine Höhle – 101 Meter. ▶

Mentale Aspekte beim Freitauchen 97

Extremtauchgängen unter Eis oder durch Höhlen mein Leben an. Ich kann diese Tauchgänge nicht, wie zum Beispiel in einem Hallenbad, jederzeit abbrechen und zurück an den Start gehen und es noch einmal versuchen. Das stellt eigentlich die größte Herausforderung bei diesen Unternehmungen dar. Mein Team besteht immer aus derselben Kerngruppe, mit ihnen verstehe ich mich blind und ihnen vertraue ich. Ich würde nie das Leben eines meiner Sicherungstaucher aufs Spiel setzen, das wäre für mich ein Grund ein Projekt abzusagen.

Projekt »Angelita«

Ich möchte Ihnen auch einen Einblick hinter die Rekordkulissen ermöglichen. In den Medien liest man eigentlich immer nur das Ergebnis – für mich ist jedoch der Weg zum Ziel die interessantere Seite der Medaille, und um den geht es im Folgenden.

Mittlerweile habe ich bereits einige Weltrekorde aufgestellt, immer an verschiedenen Orten, immer unter verschiedenen Gegebenheiten. Mein letzter Rekord etwa führte mich nach Mexiko, um genauer zu sein auf die Halbinsel Yucatan.

Für mich persönlich empfinde ich es langweilig, einen Streckentauchrekord in einem Hallenbad aufzustellen, obwohl die sportlichen Leistungen natürlich beachtlich und zugleich unglaublich sind. Mich aber interessiert anderes mehr. Streckentauchen durch eine Höhle etwa finde ich mental anspruchsvoller als dieselbe Leistung einfach nur im Hallenbad zu erbringen, in dem ich nach jedem Meter auftauchen kann. In der Höhle muss ich vor dem Abtauchen, beim letzten Atemzug, sicher sein, dass ich am anderen Ende auch wieder auftauche.

In der Höhle, nahe dem Eingang.

Mentale Aspekte beim Freitauchen

Was mich darüber hinaus sehr interessiert, ist immer der Ort, an dem ich tauche. Yucatan hat das größte Höhlensystem der Welt, es gibt unzählige Cenoten im Dschungel. Man muss also erst einmal die richtige Höhle finden! Nach meinem geglückten Rekord 2006 (Streckentauchen durch eine Höhle) war mir bald klar, dass ich wieder nach Mexiko für ein neues Projekt mochte.

Deshalb begann ich im Frühjahr 2007 mit den Vorbereitungen für das Folgeprojekt. Es war mir damals schon bewusst, was es werden und wo es stattfinden sollte – und es ist nicht selbstverständlich, diese Informationen zu haben, zumindest wenn ich mit einem Projekt beginne.

Im Zuge meines Rekords 2006 betauchte ich während der Entspannungsphase auch eine Höhle namens »Angelita« – und ich wusste sogleich, hier wird mein nächstes Projekt stattfinden. Eine Höhle, deren Grund auf 60 Meter liegt, die Süß- und Salzwasser aufweist (auf den ersten 30 Meter glasklar, ab 30 Meter eine Schwefelsulfatschicht und darunter Salzwasser) und in der ewige Nacht herrscht. Eine Höhle, wie ich sie mir immer vorgestellt hatte. Durch die Schräge betrug die Strecke, die ich in eine Richtung zurücklegen musste, weit über 70 Meter, was natürlich auch eine körperliche Herausforderung darstellte.

Doch bevor ich sie bezwingen konnte, begann ich mit meinem Training in Österreich. Mit Freunden verbrachte ich Tage am Wolfgangsee, wo ich das Tieftauchen trainierte. Zugleich musste ich Sponsoren finden, die meine Ideen trugen. Glücklicherweise wurde ich alsbald fündig: Die Investoren von HCI Capital waren von meiner Idee begeistert und unterstützten das Projekt. Nun mussten Medienpartner gefunden werden. Johannes B. Kerner lud mich sofort wieder in seine Show ein, das Männermagazin GQ begleitete mich eine Woche lang nach Mexiko, um eine achtseitige Reportage über mich zu schreiben, und zahlreiche Medien vor Ort waren Feuer und Flamme für mein Projekt.

Nun ging es an die Reisevorbereitungen. Flüge wurden gebucht, das Hotel informiert, meine Freunde und Sicherungstaucher aus Mexiko instruiert und zeitgleich mein Team aus Europa zusammengestellt. Inklusive der Journalisten reisten letztlich neun Personen mit mir nach Mexiko: Kameramänner, Fotografen, mein Arzt, mein Trainingspartner und Sicherungstaucher.

Wir waren vierzehn Tage vor Ort, um in den Gewässern vor Cozumel und im Dschungel zu trainieren. Schlussendlich wurde das Projekt »Angelita« erfolgreich abgeschlossen, wofür ich mich bei meinem gesamten Team an dieser Stelle nochmals bedanken möchte.

Doch gibt es kein Ausruhen, die nächsten Projekte sind bereits in Vorbereitung und der Stress der Organisation geht von neuem los. Wie Sie sehen können, steckt ja sehr viel mehr als nur die sportliche Leistung hinter einem Rekord. Doch wie ich anfangs bereits erwähnte: es muss nicht immer gleich ein Weltrekord sein. Jede Leistungssteigerung ist ein persönlicher Rekord, mit dem Sie neue Erfahrungen sammeln werden.

12 Physiologische Aspekte

Die Anpassung des Körpers ans Wasser

Der menschliche Körper ist ein erstaunlich anpassungsfähiger Organismus, der sich auf die verschiedensten Umweltbedingungen einstellen kann. Man denke nur an die unterschiedlichen Rassen: Während etwa Menschen in nördlichen, kälteren Regionen eher lange, schmale Nasen besitzen, die eine optimale Erwärmung der Luft gewährleisten, haben Menschen in südlichen, warmen Gebieten breitere, flache Nasen als Anpassung an das warme, feuchte Klima. Diese Adaptionen haben sich im Laufe von Jahrtausenden gebildet.

Unser Körper kann sich aber auch auf plötzliche Veränderungen einstellen. Wenn es sehr heiß ist, beginnt der Körper zu schwitzen, um sich Kühlung zu verschaffen; bei Kälte beginnt man zu zittern, um sich aufzuwärmen. Dies sind sofortige, unmittelbare Anpassungen des Körpers an veränderte Umweltbedingungen. Der Körper ist aber gewohnt diese vorzunehmen.

Anpassungen des Körpers während des Freitauchens sind jedoch etwas anderes. In unserem normalen Alltag fordern wir üblicherweise nicht von unserem Körper, dass er sich über mehrere Minuten ohne Sauerstoffzufuhr bei wechselnden Druckverhältnissen in einem flüssigen Medium aufhalten muss.

In unserer evolutionären Vorgeschichte taten wir dies jedoch. Es ist die »aquatische Vergangenheit«, die uns trotzdem dazu befähigt. Zu Beginn unserer Entwicklungsgeschichte ähnelten wir mehr einem Fisch, wir besaßen Flossen und sogar Kiemen. Dies ist auch heute noch nachweisbar. In der menschlichen Ontogenese durchläuft der Embryo eine Phase, in der er Kiemen ausbildet, die sich später jedoch wieder zurückentwickeln. Und heute noch greift der menschliche Körper auf Verhaltensmuster, Reflexe und Adaptionen zurück, die von dieser »aquatischen Vergangenheit« herrühren.

Mammaler Tauchreflex / Aquatischer Körperrhythmus

Beides sind Mechanismen, die es uns erlauben besser und leichter in einer an sich fremden Umwelt (= Wasser) zu überleben. Dieser Ausdruck umfasst sowohl das Verringern der Herzfrequenz als auch das Abziehen des Blutes aus den Extremitäten. Diese Mechanismen sind ähnlich, jedoch nicht so stark ausgeprägt wie bei Meeressäugern (Wale, Delfine). Zusätzlich gibt es noch eine Reihe von Mechanismen, die uns den Aufenthalt unter Wasser erleichtern. Diese sind:

Physiologische Aspekte   **101**

Unglaubliche Sichtweiten in einem See.

Blood Shunt (Blutverschiebung)

Der Blood Shunt ist die Fähigkeit des Körpers, den Blutfluss von den Extremitäten abzuziehen und auf die wichtigsten Körperteile (Gehirn, Herz und Lunge) zu beschränken. Alle Meeressäugetiere und auch der Mensch verfügen über diese Fähigkeit. Dabei wird jedes verfügbare Sauerstoffmolekül zu den oben erwähnten Organen abgezogen. »Unwichtige Areale« werden nicht mehr mit O_2 versorgt, der Sauerstoffverbrauch wird minimiert und der Kohlendioxidausstoß reduziert. Folge: längere Tauchzeiten und größere Tiefen.

Bradykardie

Bradykardie bedeutet Verlangsamung des Herzschlags. Geringere Herzfrequenz bedeutet wiederum geringeren O_2-Verbrauch. Erfahrene Freitaucher schaffen es, ihren Puls bis auf 20 Schläge/Minute zu senken. Selbst bei unerfahrenen Tauchern funktioniert dieser Reflex, der uns mit Meeressäugern gemein ist. Der Körper reagiert dabei auf das Eintauchen des Körpers in das Wasser, um O_2 zu sparen.

Erhöhung des Anteils der roten Blutkörperchen

Die Milz, die als Blutreservoir dient, hilft dem Freitaucher, seine Leistung zu steigern. Die Milz kann beim Tauchen schrumpfen und stößt dabei Blutzellen aus.

William E. Hurford veröffentlichte im »Journal of Applied Physiology« eine Studie über die japanischen Ama-Taucherinnen. Bei diesen professionellen Muscheltaucherinnen schrumpft die Milz während eines Tauchgangs bis auf 20 % ihrer Ursprungsgröße. Gleichzeitig steigt der Hämoglobingehalt um 10 %.

Auch hier findet man Parallelen in der Tierwelt. Die Weddell-Robbe etwa kann ihren Hämoglobinwert um 65 % steigern. Beim Menschen erfolgt dieser Anstieg des Hämoglobinwertes erst nach ca. 15 Minuten und erreicht seinen Höhepunkt nach ca. 30 Minuten Freitauchen. Viele erfahrene Taucher berichten von einem deutlichen Leistungsanstieg nach besagten 30 Minuten, was diese Theorie bestätigt.

Blood Shift (Blutumverteilung)

Wenn in sehr großer Tiefe (normalerweise bei ca. 30 m) die Lunge so sehr komprimiert wird, dass das Residualvolumen (das Volumen, welches nach kompletter Ausatmung in der Lunge verbleibt) Gefahr läuft unterschritten zu werden, setzt der Blood Shift ein. Das Blut, welches durch den Tauchreflex schon seit dem Abtauchen zentralisiert wurde, strömt nun vermehrt in die Lungengefäße. Dieses »Anschwellen« wirkt der fehlenden Luft entgegen und verhindert so ein Kollabieren der Lunge.

Auch der Blood Shift ist trainierbar und es braucht eine gewisse Zeit, bis sich der Körper an dieses Phänomen gewöhnt hat.

Druck und Atemwege

Druck hat praktisch keinerlei Auswirkungen auf feste Stoffe und Flüssigkeiten. Unsere Knochen und unser Blut sind somit nicht komprimierbar. Dies gilt jedoch nicht für unsere Atemwege und luftgefüllten Hohlräume. Man unterscheidet zwischen 3 Arten von Atemwegen: elastisch, fest und halbfest. Das Volumen all dieser Lufträume unterliegt dem Boyleschen Gesetz, welches besagt:

»Bei konstanter Temperatur verhält sich das Volumen eines Gases indirekt proportional zu dem Druck, der darauf ausgeübt wird«.

Druck auf elastische Lufträume: Der Abdomen (Bauchraum)

Bei der Komprimierung des Bauchraumes (Magen, Darm und innere Organe) durch den Wasserdruck kommt es zu keinerlei Beeinträchtigungen.

Druck auf feste Luftwege: Nebenhöhlen und Ohren

Diese knochigen und festen Luftwege passen sich nicht so gut veränderten Druckverhältnissen an. Der Druckausgleich mit dem Umgebungsdruck erfolgt durch sehr feine und enge Verbindungswege, die manchmal blockiert sein können (z.B. durch Erkältung).

Beim Abtauchen reagieren die Ohren sehr sensibel auf den ansteigenden Wasserdruck. Die Eustachische Röhre, die das Ohr mit der Mundhöhle verbindet, lässt Luft nur sehr langsam durch. Wenn nun durch Schleim diese Verbindung blockiert ist, wird es unmöglich, den Druckausgleich durchzuführen. Taucht man nun trotzdem tiefer, so kann der Druck auf das Trommelfell so sehr ansteigen, dass es reißt. Wasser dringt in das Mittelohr ein, das Gleichgewichtsorgan wird irritiert, Schwindel und Orientierungslosigkeit sind die Folge und der Taucher kann nicht mehr an die Oberfläche zurückfinden.

Sehr selten kann es auch zu einem sogenannten »Reversen Blockieren« der Eustachischen Röhre kommen. Hierbei kann die sich ausdehnende Luft beim Aufstieg nicht schnell genug entweichen. Ein Platzen des Trommelfells von innen ist die Folge.

Tauche niemals mit einer Erkältung oder blockierten Nebenhöhlen!

Druckausgleich der Ohren

Den Druckausgleich sollte man bereits bei Beginn des Abtauchens regelmäßig ausführen. Warten Sie nie mit dem Druckausgleich, bis Schmerzen auftreten. Hier ein paar Techniken, die den Druckausgleich erleichtern:

a) Schluckbewegungen ausführen.
b) Den Kiefer nach oben und unten bewegen.
c) Das Valsalva Manöver: Die Nase verschließen und sanft hineinblasen. Zusätzlich kann man hierbei Schluckbewegungen ausführen und das Kinn an die Brust ziehen, um die Luftröhre besser zu schließen.

Druckveränderungen während des Druckausgleichs

Es ist sehr wichtig sich vor Augen zu führen, dass innerhalb der ersten 10 Meter die größten Druckveränderungen erfolgen (der Druck verdoppelt sich in diesem Bereich von 1 auf 2 Bar). Das bedeutet, dass der Druckausgleich mit zunehmender Tiefe leichter wird bzw. die Häufigkeit der notwendigen Druckausgleiche abnimmt. Die folgende Tabelle soll dies demonstrieren:

Tiefe (Meter)	Druck (Bar)	%
00 – 10	1 – 2	50
10 – 20	2 – 3	33
20 – 30	3 – 4	25
30 – 40	4 – 5	20
40 – 50	5 – 6	17
50 – 60	6 – 7	14

Trotz der Abnahme von Druck mit zunehmender Tiefe kann durch das gleichzeitig abnehmende Lungenvolumen der Druckausgleich ab einer gewissen Tiefe nicht mehr möglich sein.

Druck auf die Nebenhöhlen

Die Stirnhöhlen und Nebenhöhlen sind besser mit den übrigen Luftwegen verbunden als die Ohren. Somit erfolgt beim Abtauchen der Druckausgleich in diesen Bereichen automatisch. Sollten sie jedoch infolge einer Erkältung durch Schleim blockiert sein, kann es vorkommen, dass auch hier ein Druckausgleich unmöglich wird. Bei auftretenden Schmerzen sollte der Tauchgang sofort abgebrochen werden, da es bei Ignorieren der Symptome zu gefährlichen Blutungen in den Nebenhöhlen kommen kann. Auch hier gilt:

Tauche niemals mit einer Erkältung oder gar Grippe!

Druck auf der Maske

Auch die Luft in der Taucherbrille wird durch den zunehmenden Umgebungsdruck während des Abtauchens komprimiert. Mit leichtem Ausatmen durch die Nase kann dies ausgeglichen werden. Gleicht man die Maske nicht oder ungenügend aus, drohen Verletzungen der Kapillaren der Augen. Blutunterlaufene Augen und starke Kopfschmerzen können die Folge sein.

Druckbedingte Verletzungen – Barotraumen

Mittelohr-Trauma

Diese Traumen können auftreten, wenn der Druck im Mittelohr und der knöchernen Umgebung nicht mit dem Umgebungsdruck übereinstimmt. Führt man nun keinen Druckausgleich durch, kann sich das Trommelfell so sehr nach innen wölben, dass es reißt. Schwindel und Orientierungslosigkeit sind die Folge.

Bei Problemen mit dem Druckausgleich sollten Sie einige Meter nach oben gehen und erneut versuchen, die Blockade zu überwinden. Zeigt auch dies keinen Erfolg, so begeben Sie sich an die Oberfläche zurück und versuchen es nach einiger Zeit wieder. Bleiben die Probleme bestehen, sollte das Tauchen abgebrochen werden.

Barotitis Media

Barotitis Media bedeutet, dass sich das Gewebe im Mittelohr während andauernder Druckunterschiede mit Flüssigkeit füllt. Dies ist eine Strategie des Körpers, um den Druck auszugleichen. Die das Mittelohr umgebenden Gewebe füllen sich mit Blut, und da Flüssigkeiten nicht komprimierbar sind, lässt der Schmerz langsam nach. Man hat das Gefühl, Wasser in den Ohren zu haben und an der Wasseroberfläche kann durch die Nase Flüssigkeit und Blut ausgeschieden werden.

Alternobarischer Schwindel

Das sind durch Temperatur- und Druckunterschiede hervorgerufene Schwindelanfälle, die meistens beim Aufstieg beobachtet werden können. Sie legen sich relativ rasch, wenn der Druck in den Ohren wieder ausgeglichen ist.

Trommelfellperforation

Wenn trotz nicht erfolgten Druckausgleichs der Abstieg fortgesetzt wird, kann es zu einem Riss des Trommelfells kommen. Durch das eintretende kalte Wasser verliert der Taucher die Orientierung. Ein teilweiser Verlust der Hörfähigkeit ist eine weitere Folge.

Barotrauma der Nebenhöhlen

Bei blockierten Nebenhöhlen kann es zu einer Verletzung dieser Luftwege kommen. Schmerzen in den oberen Zähnen, Wangen, Augen und der Stirn können auftreten. Durch sofortiges Auftauchen lassen diese Schmerzen schnell nach. Da die so überbeanspruchten Regionen sich nun mit Flüssigkeit füllen, kann ein dumpfer Schmerz zurückbleiben.

Reverse Blockade

Wenn beim Auftauchen Luft nicht schnell genug aus den diversen Lufträumen entweichen kann, können Schmerzen durch die Überdehnung die Folge sein. Ein Verlangsamen des Aufstiegs schafft rasche Abhilfe.

Lungenquetschung

Wenn durch den zunehmenden Druck das Volumen der Lunge kleiner wird als das Residualvolumen, so droht eine Lungenquetschung. Wie wir bereits in einem früheren Kapitel besprochen haben, hat der menschliche Körper jedoch Strategien entwickelt, dies zu vermeiden (siehe »Blood Shift«).

Verletzungen durch die Maske

Durch eine nicht ausgeglichene Maske kann es zu Verletzungen der Augen und des umgebenden Gewebes kommen. Blutunterlaufene Augen und Hämatome um die Augen treten auf. Durch stetiges Ausgleichen der Maske kann dies verhindert werden.

Lungenüberdehnung

Wenn vor dem Aufstieg Pressluft geatmet wurde, dehnt sich diese während des Auftauchens aus. Dies kann zu Rissen im Lungengewebe führen. Pressluft als Rettungsvariante darf ausschließlich von Freitauchern, die geübte Gerätetaucher sind, verwendet werden. Vergessen Sie niemals, während des Auftauchens den Mund geöffnet zu halten, um die sich ausdehnende Luft entweichen zu lassen.

Physiologische Stressfaktoren und Gefahren

Hypoxie

Hypoxie bezeichnet den Sauerstoffmangel in seinen verschiedenen Ausprägungen. Der menschliche Körper ist an eine Umwelt gewöhnt, die ihm 21% O_2 bietet. ($pO_2 = 0{,}21\,bar$). Bei einem Sauerstoffpartialdruck von 0,16 bar funktioniert unser Körper noch uneingeschränkt. Symptome wie Atemnot treten bei $pO_2 = 14$ auf. Bei einem Unterschreiten des Wertes von $pO_2 = 10$ droht Bewusstlosigkeit. Verbleibt der Körper für längere Zeit in diesem Zustand, können Körperzellen irreversibel absterben.

Kohlendioxidanstieg

Unser Körper legt mit Hilfe von Sauerstoff Energiereserven im Körper an. Während dieses Vorgangs entsteht ein Abfallprodukt namens CO_2. Während eines Tauchganges erhöht sich dieser CO_2-Level in unserem Blut.

Dieser Level steuert unser Respiratives System. Während nun der CO_2-Spiegel steigt, kann das Hämoglobin immer weniger O_2 transportieren. Der Körper reagiert auf diesen auch Hypercapnia genannten Zustand mit einer Erweiterung der Blutgefäße sowie mit einer Steigerung der Herzfrequenz.

Dieser Anstieg des CO_2-Spiegels kann auch zu einer Bewusstseinstrübung führen, die ähnlich dem Tiefenrausch eines Gerätetauchers ist. Bei besonders hoher CO_2-Konzentration im Blut kann es auch zur Ohnmacht kommen. Wegen dieser Ansammlung von CO_2 während eines Tauchgangs ist es sehr wichtig, dass wir die Oberflächenintervalle lange genug gestalten, um sämtliches überschüssiges CO_2 abzuatmen.

Kohlendioxidabfall (Hypocapnia)

Durch Hyperventilation können wir einen Zustand herstellen, der sich Hypocapnia nennt und der durch einen sehr niedrigen CO_2-Spiegel gekennzeichnet ist. Durch tiefes und beschleunigtes Atmen (= Hyperventilation) senken wir zwar den für den Atemreiz ausschlaggebenden CO_2-Level, im Extremfall führen wir dem Körper mit dieser Art des Atmens jedoch nicht O_2 zu, sondern rauben ihm im Gegenteil den benötigten Sauerstoff. Da das Atmungssystem ausschließlich auf hohe CO_2-Konzentration mit dem Einsetzen des Atemreizes reagiert, kann es passieren, dass es zu einer Atemblockade kommt.

Exzessive Hyperventilation hat auch Auswirkungen auf das Zentralnervensystem:

Die Durchblutung des Gehirns wird herabgesetzt und die Muskeln in den Extremitäten können verkrampfen. Bei moderater Anwendung dieser Atemtechnik verspürt man ein Gefühl des Wohlbefindens bis hin zur Euphorie. Dies kann zu Selbstüberschätzung und schließlich zum Blackout durch Überforderung führen.

Dekompressionskrankheit

Dieses Phänomen tritt auf, wenn innere Gase bei Ansteigen des Umgebungsdrucks vom Körper absorbiert und später wieder eliminiert werden. Dies ist etwa beim Gerätetauchen der Fall und in sehr seltenen Ausnahmen auch beim Freitauchen. Dekompressionskrankheit resultiert aus dem Ausperlen von Stickstoff aus vorher unter Druck gesättigten Geweben. Wenn zu viel Stickstoff im Gewebe ist, bzw. nicht schnell genug ins Blut diffundieren kann, bilden sich Bläschen, die zu Verletzungen und Rissen in verschiedenen Körpergeweben und Ausfällen des Zirkulationssystems sowie des Nervensystems führen können.

Folgende Symptome können auftreten: Erschöpfungszustände, Gelenks- und Muskelschmerzen, Hautausschläge, Benommenheit und Schwindel, Seh- und Hörbeeinträchtigungen. Einem Dekokranken muss sofort O_2 und sehr viel Flüssigkeit zugeführt werden. Der Verunfallte muss in jedem Fall ins Krankenhaus gebracht und umgehend in einer Druckkammer rekomprimiert werden.

Obwohl beim Freitauchen nur äußerst selten Deko-Symptome auftreten, sind Fälle von DCS (Decompression Sickness) bei Harpunierern und Perlentauchern medizinisch dokumentiert. Diese halten sich häufig für lange Zeiten in großen Tiefen auf, haben meistens auch nur kurze Oberflächenpausen und erreichen dadurch eine Stickstoffsättigung, die zu Dekounfällen führen kann.

▪ DCS ist eine sehr ernstzunehmende Krankheit und muss in jedem Fall medizinisch behandelt werden.

▪ Immer zuerst frei tauchen, dann erst mit dem Gerät tauchen.

Körperliche Betätigung, Anstrengung und Erschöpfung

Es braucht nicht extra erwähnt zu werden, dass der Freitaucher beim Abtauchen möglichst kräftesparend vorgehen soll, um seinen Puls niedrig zu halten und somit den O_2-Verbrauch zu minimieren. Die Flossenschläge sollten aus der Hüfte sein, um ein Maximum an Vortrieb bei gleichzeitig geringerem Energieaufwand zu erreichen.

Bei korrekter Tarierung sollte der Taucher auf 10 m neutral sein und danach in eine Gleitphase ohne zusätzliche Flossenschläge übergehen. Nun ist es wichtig, dass die Erholungsphase so kurz wie möglich ist. Je schneller der Ruhepuls wieder erreicht wird, desto geringer der Sauerstoffverbrauch und desto größer die erreichbare Tiefe. Durch Ausdauertraining (Laufen, Rad fahren …) kann diese Erholungsphase positiv beeinflusst werden.

Beim Auftauchen sollte ebenfalls möglichst effizient geschwommen werden. In manchen Fällen kann es jedoch vorkommen, dass der Taucher in den anaeroben Bereich kommt, vor allem wenn er gezwungen ist, einen sehr raschen Aufstieg durchzuführen. Hierbei benötigt der Freitaucher mehr Energie, als durch den aktuellen O_2-Level zur Verfügung gestellt werden kann. Das Resultat ist ein Ansteigen der Milchsäurewerte in den Beinen und im Körper, um die Energieversorgung sicherzustellen.

Wenn der Taucher die Oberfläche erreicht hat, muss er diese angesammelte Sauerstoffschuld wieder abbauen. Dies geschieht durch erhöhte Herz- und Atemfrequenz. Ein austrainiertes Herz-Kreislaufsystem ermöglicht es, sich rasch wieder zu erholen und schneller wieder für den nächsten Tauchgang bereit zu sein. Es erlaubt auch, die angesammelte Milchsäure (die für das Schweregefühl in den Beinen verantwortlich ist) schnell wieder in eine vom Körper verwertbare Form von Zucker umzuwandeln.

Bei einem niedrigen Trainingsstatus verbleibt eine zu große Menge an Milchsäure im Muskelgewebe. Dadurch sinkt die Fähigkeit der Muskeln zu kontrahieren, was wiederum weniger Kraft bedeutet. Dieser Kraftverlust resultiert in einer erhöhten Herzfrequenz; erhöhte Herzfrequenz = erhöhter Sauerstoffverbrauch.

Richtig zu essen, gut hydriert zu sein, genügend Schlaf und ausreichende Oberflächenintervalle können ebenfalls dazu beitragen, unsere Freitauch-Zeiten zu verlängern und sicherer zu gestalten.

Phänomene unter Wasser

Optische Täuschung

Durch die zwei verschiedenartigen Medien Luft und Wasser ergibt sich im Wasser an der Tauchmaskenscheibe eine Trennlinie. Diese Lichtbrechung bringt es mit sich, dass auf der Netzhaut ein Bild entsteht, das ein Viertel näher und ein Drittel größer erscheint.

Licht unter Wasser

Unter Wasser verändern sich die Licht- und Farbverhältnisse gewaltig. Im Süßwasser kommt diese Erscheinung weniger zur Geltung. Tauchen wir jedoch im Meer, zeigen sich in den Tiefen gewaltige Farbveränderungen, welche nur mit Hilfe einer Lampe ins richtige Licht gerückt werden können. Bereits ab 5 Meter ist die Farbe Rot nur noch als braune Farbe zu erkennen. Für Orange gilt das Gleiche ab 15 Meter.

Interessant ist, dass auch bei klarstem Meerwasser lediglich 20 % des Lichts eine Tiefe von 10 Metern erreicht und nur 1 % des Lichts 85 Meter.

Schallgeschwindigkeit unter Wasser

Das Wasser weist aufgrund seiner Dichte eine extrem hohe Schallleitfähigkeit aus. Dadurch sind Motorengeräusche unter Wasser viel früher hörbar als über Wasser (1.550 m/sec im Meerwasser und 1.410 m/sec im Süßwasser bei 15° Celsius; zum Vergleich: Luft 332 m/sec). Schallwellen werden jeweils an der Luft-/Wassergrenze reflektiert und können kaum ins andere Medium übertreten.

Nachteilig wirkt sich aus, dass durch die mehr als vierfache Leitfähigkeit des Mediums Wasser die Orientierungsfähigkeit unseres Hörzentrums eingeschränkt wird. Das hat zur Folge, dass wir die Richtung, aus welchem das Geräusch stammt, nicht mehr lokalisieren können, da durch die höhere Schallgeschwindigkeit der Schall nahezu gleichzeitig bei beiden Ohren eintrifft und so die Diskriminationsfähigkeit (Unterscheidungsfähigkeit) unserer Ohren überschritten wird.

Tauchen und Gesundheit

Medikamente beim Tauchen

Alle Medikamente, die anschlagen, haben auch Nebenwirkungen. Diese Nebenwirkungen sind im Allgemeinen alle bekannt. Aber wie verhält sich das Medikament unter der Berücksichtung des Wasserdrucks? Aktuell gibt es kaum Forschungsergebnisse über das Verhalten von Medikamenten unter erhöhtem Druck. Doch aus Versuchen ist hervorgegangen, das bei den üblichen Sporttauchtiefen bis 40 m nicht mit speziellen Nebenwirkungen zu rechnen ist.

Da dieses Gebiet aber noch nicht völlig erforscht ist und ich an dieser Stelle auch keine Aussage darüber treffen kann, ob es nun gefährlich ist oder nicht, rate ich dazu, grundsätzlich vor dem Tauchen auf Medikamente zu verzichten oder einen Arzt vorher zu Rate zu ziehen.

Die richtige Diät/Dehydration

Durch die schwarzen Neoprenanzüge und die körperliche **Anstrengung** sollte man, bevor man ins Wasser geht, viel trinken! Es besteht ein Mehrbedarf an Flüssigkeitsaufnahme vor allem beim Sport und in heißen Regionen. In der Hitze kommt es zusätzlich zu einer vermehrten Schweißproduktion. Während des Wassertrainings ist dafür Wasser zweckmäßig.

Bei einem Flüssigkeitsmangel erhöht sich der Puls, das Blut wird dicker und somit ist auch die Transportfunktion von Sauerstoff verringert. Die Konzentration lässt nach und dies führt zu Ermüdung und Kopfschmerzen. Es kommt zu einem Leistungsabfall und der Kohlehydratverbrauch steigt. Man muss mehr Energie aufnehmen, um die gleiche Leistung zu erbringen!

Am besten geeignet zum Trinken sind Leitungswasser, verdünnte Obstsäfte, Tee oder Molkegetränke. Nicht geeignet sind kohlensäurehaltige Getränke, Kaffee oder Alkohol.

Wenn es extrem heiß ist, muss man das Salz erhöhen. Sportgetränke sollte man auf die Verträglichkeit testen. Trinken Sie immer rechtzeitig und warten Sie nicht, bis Sie

Rezepte für Sportgetränke (während des Grundlagenausdauertrainings):

- Wasser (920 ml) + (Himbeer-)Sirup (80 ml) + Salz (1,2 g)
- Tee (1 l) + Honig (40 g) + Salz (1,2 g)
- Wasser (600 ml) + Fruchtmolke (400 ml) + Salz (1,2 g)

durstig sind, d.h. trinken Sie von Beginn an regelmäßig und schluckweise.

Man sollte ca. 3 Stunden vor dem ersten Tauchgang nichts mehr essen. Wichtig ist auch, möglichst fettfrei zu essen, da der Körper bei der Verdauung von fetten Speisen mehr O_2 verbraucht als etwa bei der Aufspaltung von Kohlenhydraten. Deshalb sind kohlenhydratreiche Speisen wie etwa Nudeln, Reis und Kartoffeln fetten Speisen wie Wurst etc. vorzuziehen. Kohlenhydrate sind der wichtigste Energielieferant für intensive Belastungen.

Tauchtauglichkeit

Im Prinzip kann diese Untersuchung jeder Hausarzt durchführen. Wobei dieser nicht immer die erste Wahl sein sollte. Es gibt eigens ausgebildete Ärzte für Tauchtauglichkeitsuntersuchungen. Idealerweise wäre ein tauchender Arzt zu bevorzugen. Für die regelmäßige Durchführung dieser Untersuchungen ist jeder Taucher selbst verantwortlich. Allerdings wird bei Wettkämpfen oder Seminaren eine Tauchtauglichkeitsuntersuchung gefordert, die nicht älter als ein Jahr sein darf. Beim Freitauchen reicht die normale Tauchtauglichkeitsuntersuchung völlig aus, manchmal machen die Ärzte zusätzlich ein Belastungs-EKG.

Jährliche Untersuchung der Tauchtauglichkeit. ▼

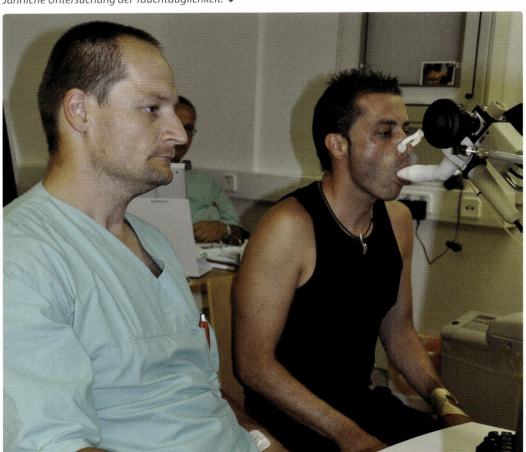

Anhang

Literaturvorschläge

- Umberto Pelizzari, Manual of freediving
- Jacques Mayol, Homo delfinus
- Oskar F. Ehm, Der neue EHM – Tauchen noch sicherer
- Christian Redl, Grenzbereiche meistern durch mentale Stärke – Sicher tauchen

Internetseiten

- www.christianredl.com
- www.pureinstinct.mares.com
- www.apnea-academy.com
- www.aida-international.org

Bildnachweis

Michael Auer: S. 14, 15, 50, 52, 54, 81, 85
Jörg Carstensen: S. 9, 16, 18, 20, 65, 73, 78
Manfred Dorner: S. 4, 5, 7, 8, 12, 67, 101
Martin Helmers: S. 40
Bernd Humberg: S. 42, 44, 46
Leo Ochsenbauer: S. 19, 21, 26, 32, 34, 55, 56, 58, 63, 74, 75
Karl Radetzky: S. 51, 68, 76, 86, 89
Christian Redl: S. 23, 24, 25, 27, 33, 36, 37, 39, 41
Christina Schrammel: S. 60
Christian Vollenhofer: S. 11, 49, 92, 110
Gerhard Wegner: S. 5, 8

Alle Grafiken: Christian Redl

Zum Weiterlesen aus dem Verlag pietsch

Christian Redl
Grenzbereiche meistern durch mentale Stärke – Sicher tauchen

112 Seiten, 49 Abbildungen, Format 140 x 205 mm, broschiert
ISBN 978-3-275-01733-1
€ 14.95 / CHF 19.90 / € (A) 15.40

Christian Redl hat bei seinen sechs Freitauch-Weltrekorden bewiesen, dass er über ein extrem hohes Maß an mentaler Stärke und Selbstdisziplin verfügt.
Kein Wunder, dass er weltweit auch bei Top-Managern als Mentaltrainer und Coach für Risikomanagement gefragt ist.
In diesem Buch zeigt er, wie man auch als Nichttaucher mit den mentalen Grundprinzipien des Freitauchens Grenzbereiche meistern kann.

Monika Rahimi
Tauchen mit klarem Kopf – Wie unser Gehirn beim Tauchen tickt

112 Seiten, 49 Abbildungen, Format 170 x 240 mm, broschiert
ISBN 978-3-613-50770-8
€ 14.95 / CHF 19.90 / € (A) 15.40

Die Tauchlehrerin und Heilpraktikerin Monika Rahimi taucht in ihrem neuen Buch ab in die Tiefen unseres wichtigsten Organs und Steuerzentrums und erklärt die Gehirnfunktionen, so weit sie für das Tauchen wichtig sind. Sie zeigt Lösungen auf, wie man Ängsten gar nicht erst eine Chance gibt und beschreibt, wie Taucher sich durch Mentaltrainig auch außerhalb des Wassers fit halten können.

Herbert Frei / Franz Brümmer
Farben und Formen unter Wasser

160 Seiten, 200 Abbildungen, Format 230 x 265 mm, gebunden
ISBN 978-3-613-50721-0
29.90 € / 39.90 CHF / € (A) 30.80

Spektakuläre Fotos aus den Tiefen der Ozeane von Deutschlands bekanntestem Unterwasserfotografen Herbert Frei. Dieser einzigartige Bildband zeigt Ihnen die farbenreiche Welt unter Wasser in einmaligen, detaillierten Aufnahmen. Biologie-Professor Franz Brümmer erklärt die naturwissenschaftlichen Hintergründe dazu.

Stand Dezember 2014
Änderungen in Preis und
Lieferfähigkeit vorbehalten

Überall, wo es Bücher gibt, oder unter:
www.paul-pietsch-verlage.de
Tel. 0711 / 98 809 984